Ann Sophie Müller
Emma tanzt

DIESES BUCH GEHÖRT

Ann Sophie Müller

EMMA
tanzt

LIMBU Lese-Info-Mitmachbuch (Hrsg. Hans-Jürgen van der Gieth)

Bibliografische Information der Deutschen Bibliothek
Die Deutsche Bibliothek verzeichnet diese Publikation in der Deutschen Nationalbibliografie; detaillierte bibliografische Daten sind im Internet über http://dnb.ddb.de abrufbar.

www.buchverlagkempen.de

Hrsg. Hans-Jürgen van der Gieth
1. Auflage, Kempen 2019
© 2019 BVK Buch Verlag Kempen GmbH, Kempen

Die Handlung und die handelnden Personen dieses Buches sind frei erfunden. Jede Ähnlichkeit mit toten oder lebenden Personen oder Persönlichkeiten des öffentlichen Lebens ist nicht beabsichtigt und wäre rein zufällig.

Nach der neuen deutschen Rechtschreibung

Alle Rechte dieser Ausgabe vorbehalten durch
BVK Buch Verlag Kempen GmbH

Lektorat: Simone Mann, BVK
Umschlaggestaltung: Nadine van der Gieth, BVK,
unter Verwendung der Bilder: © stock.adobe.com
Gestaltung: Nadine van der Gieth, BVK
Druck/Bindung: GrafikMediaProduktionsmanagement, D-Köln

Best.-Nr.: LI108, ISBN 978-3-86740-793-9

Inhaltsverzeichnis

1. Die neue Ballettschule — 7
2. Privattraining mit Cons — 17
3. Spitzentanz — 27
4. Ballett-Shopping — 34
5. Jeremy — 41
6. Cons' erste Ballettstunde — 49
7. Wie übersteht man eine Klassenfahrt? — 57
8. Tag 2 — 65
9. Heimfahrt mit Hindernissen — 75
10. Leander — 82
11. Wer darf zur Prüfung? — 87
12. Cons' Vater — 94
13. Die Gruppe — 100
14. Cons flippt aus — 110
15. Endspurt — 117
16. Prüfung mit Überraschung — 123
17. Eskalation im Klassenzimmer — 133
18. Der beste Tag meines Lebens — 139
19. Abschied nehmen und Frieden schließen — 148
20. Der Traum wird wahr — 154

Ballett-Glossar — 162

1. DIE NEUE *Ballettschule*

„*Tendu, Tendu, Plié, Double Pirouette.*"*

Konzentriert folge ich den Anweisungen meiner neuen Ballettlehrerin Lene. Die Übungen an der Stange habe ich noch ganz gut hinbekommen, aber in der Mitte wird's kompliziert. Zumal die anderen Mädchen die Übungen alle schon kennen, während das für mich die erste Stunde an der neuen Ballettschule ist. Hier kann ich endlich öfter als zweimal die Woche trainieren und sogar Prüfungen bei der *Royal Academy of Dance* ablegen. An meiner alten Ballettschule ging das nicht.

„Sehr gut, Emma." Lene lächelt mich an. Eigentlich hatte ich das Gefühl, dass meine Übung in einem ziemlichen Chaos geendet ist, aber anscheinend war es doch nicht so schlecht. Ich gehe zur Fensterbank und trinke einen Schluck aus meiner Wasserflasche. Wir sollen die Übung nochmal in zwei Gruppen zeigen. Ich gehe freiwillig in die zweite Gruppe. Da kann ich mir vorher die Reihenfolge genauer anschauen. Beziehungsweise das Timing. Die Musik ist nämlich ziemlich schnell.

Oh, habe ich mich eigentlich schon vorgestellt? Sorry! Hab ich vor lauter Ballett mal wieder vergessen. Ich heiße Emma und bin 13 Jahre alt. Allerdings bin ich ziemlich klein, deswegen sehe ich aus wie zehn. Ich tanze schon seit dem Kindergarten. Meine Eltern haben mir die erste Übungsstunde zum dritten Geburtstag

---

DIE ROYAL ACADEMY OF DANCE:

DIE ROYAL ACADEMY OF DANCE (RAD) STELLT EIGENE LEHRPLÄNE ZUR VERFÜGUNG, BIETET WELTWEIT KURSE UND BALLETT-PRÜFUNGEN AN.

*auf Seite 162 befindet sich ein Ballett-Glossar

Name: Emma Neumann

Spitzname: Em

Alter: 13

Geschwister: Tom (15 Jahre)

Klasse: 8c   Lieblingsfach: Englisch

Hobbys: Tanzen, Musik hören

Lieblingstier: Katze   Lieblingsfarben: Rosa, Pink

Lieblingsessen: Spaghetti Bolognese

Lieblingsband / -Sänger / -in: Sunrise Avenue, Bastille, Sia

Lieblingsfilm / -Serie: Dance Academy, Center Stage, Mamma Mia!

Lieblingsschauspieler / -in: Amanda Seyfried

Traumberuf: Tänzerin

Mein Steckbrief:

NAME:

SPITZNAME:

ALTER:

GESCHWISTER:

KLASSE: LIEBLINGSFACH:

HOBBYS:

LIEBLINGSTIER: LIEBLINGSFARBE:

LIEBLINGSESSEN:

LIEBLINGSBAND / -SÄNGER / -IN:

LIEBLINGSFILM / -SERIE:

LIEBLINGSSCHAUSPIELER / -IN:

TRAUMBERUF:

geschenkt. Und seitdem hab ich immer weiter trainiert. Ach ja, vielleicht sollte man noch erwähnen, dass ich gerade in die achte Klasse gekommen bin. Was ich mal beruflich machen will? Ich glaube, die meisten in meinem Alter wissen das noch nicht. Ich weiß es hingegen schon seit langem. Ich schätze, jetzt dürfte alles klar sein. Mein größter Traum ist es, auf ein bekanntes Tanzinternat zu gehen und Profitänzerin zu werden. So wie man es aus Büchern oder Ballettfilmen kennt. Mit dem Ziel, später auf der Bühne zu stehen. Schöner Traum, oder? Meine Verwandten sagen, das sei totaler Quatsch. Ich soll lieber etwas „Ordentliches" machen, was mit mehr Sicherheit oder so, was man ein ganzes Leben lang machen kann und wo man nicht ab einem bestimmten Alter aufhören muss. Aber ich bin fest davon überzeugt, dass mein Traum eines Tages in Erfüllung geht.

So, jetzt muss ich mich auf die Übung konzentrieren. Meine Gruppe ist nämlich dran. Ich kriege es sogar fehlerfrei hin. Ist eigentlich gar nicht so schwer. Nur schnell.

Jetzt springen wir. Ich liebe Sprünge. Besonders die großen, die mir das Gefühl geben, durch den ganzen Raum zu fliegen. Aber erstmal einspringen. Ich beobachte die anderen Mädchen. Die meisten sind ziemlich gut. Ein blondes Mädchen in der ersten Reihe sticht besonders ins Auge. Ich glaube, sie heißt Amalie. Tanzt ziemlich exakt, scheint aber nicht gerade beliebt zu sein. Beim Umziehen eben hat sich jedenfalls kaum einer mit ihr unterhalten.

Schließlich ist die Stunde zu Ende. Alle schlurfen zum Umkleideraum.

„Das war sehr gut, Emma. Du hast wirklich Talent", lobt Lene mich noch einmal.

„Danke." Ich lächle. Irgendwie bin ich stolz.

In der Umkleide ist es ziemlich still. Alle sind k. o.

„Machst du auch die Prüfung?", fragt mich ein Mädchen, das sich mir vor der Stunde als Nele vorgestellt hat. Sie ist bestimmt einen Kopf größer als ich und ziemlich dünn. Ihre braunen Haare hat sie zu einem chaotischen Knoten zusammengebunden. Irgendwie passt der zu ihr. Außerdem tanzt sie echt toll. Es sieht aus, als sei alles total einfach und es gäbe für sie nichts Besseres auf der Welt. Bestimmt besteht sie alle Prüfungen mit Auszeichnung.

„Wieso sollte sie, das war doch heute ihre erste Stunde und sie kann die Übungen noch gar nicht", mischt sich diese Amalie ein.

„Die hat sie sicher schnell gelernt." Nele nickt mir anerkennend zu. „Du bist gut."

„Na ja, eher Durchschnitt." Amalie rümpft die Nase. Ich ziehe eine Augenbraue hoch. Wie ist die denn drauf? Jetzt lächelt sie mir überheblich zu und verlässt den Raum.

„Kümmere dich nicht um sie. Die hält sich für die Allertollste", meint ein Mädchen mit hellblondem Pferdeschwanz, von der ich glaube, dass sie Zoé heißt.

„So eine hatten wir auch in meiner letzten Gruppe", erkläre ich. Nur hieß diese Person Carla und hat alle angegiftet, die sich vor sie an die Stange gestellt haben. Immer wollte sie die Erste und Beste sein. Echt albern, wenn man mich fragt. Am besten ignoriert man diese Leute. Die verunsichern einen nur.

Zu Hause verkrieche ich mich erstmal in meinem Zimmer und lasse mich auf mein Bett fallen. So kaputt war ich nach dem Training schon lange nicht mehr. Gut, dass ich die Ballettschule gewechselt habe. In meiner alten Schule habe ich irgendwann angefangen, mich zu langweilen. Ständig kamen neue und jüngere Mädchen dazu, sodass man nie wirklich was Neues gelernt hat, weil immer Rücksicht auf die Kleinen genommen werden musste.
Mein Blick fällt auf meinen Schreibtisch. Ich seufze. Da warten noch Hausaufgaben auf mich. Mathe. Mein Lieblingsfach. Das war natürlich ironisch gemeint. Mathe ist eindeutig nicht mein Lieblingsfach. Eigentlich hab ich gar kein Lieblingsfach. Doch, Englisch vielleicht. Das ist manchmal cool. Aber ich gehe einfach nicht gerne zur Schule. Außer es wäre ein Tanzinternat. Da würde ich jeden Tag jubelnd aus dem Bett springen und mit Freude meine Hausaufgaben machen.
Ich stehe auf und überlege. Erst Hausaufgaben oder essen? Heute Abend kommt auch noch meine Lieblingsserie. Natürlich geht es dort um Ballett. Ich habe noch eine halbe Stunde bis dahin. Ich setze mich entschlossen an meinen Schreibtisch. Also erst Hausaufgaben. Essen kann ich auch beim Fernsehen. Eine halbe Stunde später sitze ich mit einem Joghurt vor dem Fernseher.

„Guckst du wieder deine komische Serie?" Natürlich kommt genau jetzt mein Bruder ins Wohnzimmer.
„Die ist nicht komisch." Im Gegenteil. Sie spielt in einer Ballettakademie in Australien. Die Serie hat alles, was ein Ballettfan braucht. Gute Tänzer, tolle Choreografien und noch eine spannende Handlung drum herum. Aber für 15-jährige Jungs?
„Na ja", muffelt Tom und setzt sich neben mich aufs Sofa. Typisch. Hauptsache Fernsehen, egal was. Ich habe den Verdacht, dass Tom die Serie auch gut findet. Wenn ich die wieder und wieder auf DVD schaue, sitzt er auch meistens dabei. Ich schmunzle. Jungs!

Danach gehe ich ins Bett. Morgen muss ich früh aufstehen. Erwähnte ich bereits, dass ich nicht gerne zur Schule gehe? Aber leider ist sie notwendig. Das Abi will ich schließlich auf jeden Fall schaffen … Das Früh-ins-Bett-gehen wird im nächsten Moment von meiner besten Freundin Nina unterbrochen. Sie hat wohl auch Fernsehen geguckt.
„Ich fass es nicht, dass die sich für den entschieden hat. Der andere sieht viel besser aus." Nina klingt ziemlich fassungslos am Handy.
„Nein, der passt viel besser zu ihr", widerspreche ich. Ich finde, die Hauptperson in der Serie hat sich für den richtigen Jungen entschieden. Klar, in solchen Serien wird natürlich darauf geachtet, dass die Jungs alle sympathisch sind. Außerdem weiß ich – im Gegensatz zu Nina –, wie die Serie weitergeht. Im Fernsehen

MEINE *Lieblingsserien*

1.

2.

3.

sind sie nämlich erst bei der zweiten Staffel. Und ich hab die dritte auf DVD. Deswegen verrate ich das Ende jetzt auch nicht. Könnte ja sein, dass einer von euch die Serie auch kennt und dann sauer auf mich ist wegen meiner Spoilerei. Nein, danke!

Ballettwissen

Die berühmtesten Ballettakademien der Welt sind die Bolshoi-Ballettschule in Moskau, die Royal Ballet School in London und die Waganowa-Ballettakademie in St. Petersburg. In Deutschland sind die bekanntesten Schulen die Staatliche Ballettschule Berlin und die John Cranko-Schule in Stuttgart.

2. Privattraining MIT CONS

Am nächsten Morgen klingelt es um Punkt Viertel nach sieben an der Tür. Ich öffne.
„Hey, Em!", ruft mir ein übergut gelaunter Cons zu.
„Hi", murmle ich zurück und schlüpfe in meine Schuhe. Es gibt Leute, die direkt nach dem ersten Weckerklingeln putzmunter aus dem Bett hüpfen. Mein bester Freund Cons gehört dazu. Ich beneide ihn darum.

„Beeil dich. Ich hab keine Lust, zu spät zu kommen", drängt er.
Dass der so scharf darauf ist, in die Schule zu kommen …
Wenige Minuten später sitze ich verschlafen auf meinem Rad und fahre Cons hinterher. Praktisch, dass wir nebeneinander wohnen. Wenn ich morgens alleine fahren müsste, würde ich wahrscheinlich nicht lebend in der Schule ankommen. Ich würde beim Radfahren einschlafen.
Auf dem Schulhof kommt uns schon Nina entgegen.
„Na, hast du dich mit der Neuigkeit von gestern abgefunden?"
Ich grinse.
„Ich glaub das immer noch nicht. Bitte, sag, wie's ausgeht", bettelt sie.
Ich schüttle geheimnisvoll den Kopf und sage nichts.
„Gemein." Nina verschränkt die Arme. Ich schmunzle.
Nina ist das krasse Gegenteil von mir. Zumindest äußerlich.
Nina ist groß, hat lange, glänzende blonde Haare und könnte

Name: Constantin Liebold

Spitzname: Cons

Alter: 15

Geschwister: –

Klasse: 8c   Lieblingsfach: Sport

Hobbys: Tanzen, Musik hören

Lieblingstier: Hund   Lieblingsfarbe: Grün

Lieblingsessen: Pizza

Lieblingsband / -Sänger / -in: Nickelback

Lieblingsfilm / -Serie: Transformers, Friendship

Lieblingsschauspieler / -in: Matthias Schweighöfer

Traumberuf: Schauspieler

Name: Nina Weier

Spitzname: Nini

Alter: 13

Geschwister: Eine große Schwester

Klasse: 8c Lieblingsfächer: Englisch, Kunst

Hobbys: Kickboxen, lesen, Musik hören, zeichnen, Freunde treffen

Lieblingstier: Katze Lieblingsfarbe: Pink

Lieblingsessen: Nudelauflauf

Lieblingsband / -Sänger / -in: Taylor Swift, Rihanna

Lieblingsfilm / -Serie: Dance Academy, alle Harry-Potter-Filme

Lieblingsschauspieler / -in: Tom Felton, Emma Watson

Traumberuf: Vielleicht Ärztin

sich problemlos als Model bewerben. Ich bin mit Abstand die Kleinste in der Klasse, habe dunkelbraune Haare, die zwar auch lang sind, aber ein Eigenleben führen. Mal sind sie glatt, im nächsten Moment sind sie wellig. Außerdem könnte ich problemlos in die Fünfte gehen. Aber trotzdem, Nina ist meine allerbeste Freundin.

Wir schlendern zu unserem Klassenraum. Cons ist seit diesem Schuljahr auch in unserer Klasse. Er muss die Klasse wiederholen. Angeblich ist das alles seine Englisch- und Mathelehrerin schuld. Die konnte ihn nicht leiden. Ich glaube aber, er hatte die Fünfen verdient. Er kann nämlich ziemlich faul sein. Auch wenn er es nicht zugibt.
„Oh, unsere Freunde sind da", zischt Cons.
Ehe ich mich umdrehen kann, werde ich schon von hinten umklammert. So fest, dass ich kaum noch Luft bekomme.
„Wen haben wir denn da? Miss Primaballerina höchstpersönlich. Welch eine Ehre!"
„Jeremy, lass sie los!", faucht Nina.
„Wieso? Ich hab sie doch sooo lieb!" Jeremy drückt mich noch fester. Seine Freunde Joël und Noël grinsen nur hämisch. Ich versuche, mich aus dem Klammergriff zu befreien.
„Was? Gefällt es dir in meinem Arm nicht?" Jeremy drückt noch einmal zu, lässt mich endlich los und zieht lachend ab.
„Idiot." Cons schaut ihm wütend hinterher.
„Am besten einfach ignorieren", meint Nina.
„Wenn das so einfach wäre." Ich seufze. Zum Glück können wir

jetzt in den Klassenraum. Dort sitze ich neben Nina und Cons, also in Sicherheit. Und schön weit weg von Jeremy …
Im Unterricht bleibt der zum Glück unauffällig. Manchmal bewirft er mich mit Papierkugeln oder Stiften. Aber heute nicht. Beruhigend. Dieser Typ nervt mich schon seit der fünften Klasse. Ich weiß nicht, was er gegen mich hat. Und das Problem ist, dass er seit einiger Zeit auch den Rest der Klasse angesteckt hat. Er hält sich immer für ziemlich toll und mehrere Mädchen sind in ihn verknallt, weil er angeblich aussieht wie dieser Typ aus der englischen Boygroup, die im Moment alle so gut finden. Find ich nicht. Kurz: Ich mag Jeremy nicht. Genauso wenig wie Joël und Noël. Die beiden sind eineiige Zwillinge und bilden sich wahnsinnig viel darauf ein, mit Jeremy befreundet zu sein. In meinen Augen sind sie einfach nur armselige Mitläufer. Nachdem ein Lehrer sich mal versprochen hat und sie ganz unfranzösisch als „Jöl" und „Nöl" aufrief, fanden wir das alle so lustig, dass wir sie jetzt manchmal so nennen. Hin und wieder ärgert sie das noch, aber eigentlich haben sie sich dran gewöhnt.

Nach der Schule kommt Cons mit zu mir.
„Wieder normales Stangentraining?", fragt er. Ich nicke. Ich bringe Cons Ballett bei. Streng geheim. Sein Vater darf nichts davon erfahren. Cons hat ihm vor zwei Jahren gesagt, dass er auch tanzen möchte. Sein Vater hat nur gelacht und gesagt, das sei kein Sport für „richtige" Männer. Und er solle sich lieber auf die Schule konzentrieren, anstatt solche Schnapsideen zu fabrizieren. Also trainiere ich Cons jetzt schon seit zwei Jahren

heimlich. Und er hat Talent. Finde ich. Er ist nämlich ziemlich beweglich, muskulös und hat ein sehr gutes Taktgefühl. Momentan übe ich mit ihm *Pirouetten*. Er schafft es noch nicht, sein Standbein durchzustrecken und den Kopf schnell mitzudrehen.

„Denk dran. Einen Punkt an der Wand fixieren und den Kopf so schnell wie möglich drehen, sodass du den Punkt wieder siehst. Der Kopf dreht schneller als der Körper. Und los." Ich klatsche einmal. Und er schafft es! Eine saubere *Pirouette* inklusive Kopftechnik und durchgestrecktem Standbein.

„Und?" Er strahlt mich stolz an.

„Top." Ich lächle.

„Hab ich zu Hause geübt", erzählt er.

„Echt?" Ich bin gerührt. Er ist so ehrgeizig. Das Tanzen scheint ihm wirklich wichtig zu sein. Die Sache mit seinem Vater ist einfach zu blöd. Gut, dass meine Eltern nicht so kompliziert sind.

„Klar." Er grinst. „Gibt's in deiner neuen Ballettschule auch Jungs?"

Ich zucke mit den Schultern.

„Hab noch keinen gesehen." Es ist echt schade, dass so wenige Jungen Ballett tanzen.

„Meinst du, du kannst deine Lehrerin fragen, ob ich mal mitkommen darf?"

„Ich war zwar erst einmal dort, aber ich kann unsere Lehrerin ansprechen. Die ist, glaube ich, ziemlich nett." Ich lächle. Privattraining schön und gut, aber mein Zimmer ist einfach zu klein für große Sprünge. Und die gehören nun einmal dazu.

EMMAS TIPP:

KOPFTECHNIK: BEI DREHUNGEN IST ES WICHTIG, DASS MAN SO LANGE WIE MÖGLICH EINEN BESTIMMTEN PUNKT, ZUM BEISPIEL AN DER WAND, FIXIERT UND SOBALD DAS NICHT MEHR MÖGLICH IST, DEN KOPF GANZ SCHNELL MITNIMMT.

„Danke. Bis dahin übe ich noch *Pirouetten*." Cons nimmt die vierte Fußposition ein und drückt sich ab.
Als Gast mal zum Training mitkommen ist sicher okay, aber was ist, wenn es Cons gut gefällt und er „offiziell" mittrainieren will? Wie lange können wir das vor seinen Eltern geheim halten? Irgendwie muss er die Stunden auch bezahlen. Er regt sich ja so schon immer darüber auf, dass seine Eltern beide viel Geld verdienen, ihm aber nur ein mickriges Taschengeld geben.

Nachdem er gegangen ist, widme ich mich wohl oder übel meinen Hausaufgaben. Deutsch. Gedichtanalyse. Mag ich nicht. Aber sie muss gemacht werden. Ich schaue auf die Uhr. Wenn ich pünktlich zu meiner Lieblingsserie vor dem Fernseher sitzen will, muss ich mich sputen. Vor allem, weil auch noch ein paar Matheaufgaben auf mich warten. Aber die kann ich zur Not auch später machen. Gedichtanalysen sind zeitaufwändiger. Seufzend schlage ich mein Deutschbuch auf und lese mir das Gedicht durch. Das ist ja eigentlich nicht schwer. Glück gehabt! Ich schnappe mir einen Stift und blättere eine leere Seite in meinem Heft auf.
Ein Zettel fällt mir entgegen.
Neugierig falte ich ihn
auseinander.

> Vergiss die Hausaufgaben nicht, Ballerina!
> ;)

DIE 5 Positionen

1. Fußposition

2. Fußposition

3. Fußposition

4. Fußposition

5. Fußposition

Wütend knülle ich den Zettel zusammen. Und ich wundere mich, dass Jeremy mich in der Schule in Ruhe gelassen hat! Dabei hätte ich von selbst drauf kommen können. Er hört nie auf! Vor zwei Wochen hat er meine Eltern angerufen und sich als Erdkundelehrer ausgegeben. Angeblich hätte ich massiv den Unterricht gestört. Und natürlich haben meine Eltern mir nicht geglaubt. Sie sind auf ihn reingefallen, nur weil er als einer der ersten Jungs in unserer Klasse den Stimmbruch schon hinter sich und eine tiefe Stimme wie ein Erwachsener hat. Das war wirklich mies. Was bildet der sich überhaupt ein? Sich so in mein Leben einzumischen! Ich wünschte, ich könnte mich irgendwie an ihm rächen. Aber er würde mich nur auslachen und als rebellischen Zwerg bezeichnen. Wie immer, wenn ich etwas erwidere. Zum Glück habe ich Cons und Nina. Die raten mir immer, ihn einfach zu ignorieren. Und das versuche ich durchzuziehen. Egal, wie schwer es ist.
Entschlossen knautsche ich den Zettel noch weiter zusammen, bis er zu einer kleinen festen Kugel wird. Dann stopfe ich ihn in den übervollen Papierkorb und lese das Gedicht zum zweiten Mal. Und überhaupt! Das fehlt noch, dass ich wegen Jeremy meine Lieblingsserie verpasse!

3. Spitzentanz

Am nächsten Tag habe ich wieder Ballett. Diesmal will Lene mit uns eine komplette Stunde auf der Spitze tanzen. Ein Traum! Ich liebe Spitzentanz. Dieses Gefühl, groß zu sein. Wenn ich mich auf die Fußspitze stelle, bin ich fast so groß wie Tom. Leider haben wir an meiner alten Ballettschule nur selten auf der Spitze trainiert. Deswegen musste ich mir das meiste selbst beibringen.
„Wie lange tanzt du schon Spitze?", will Nele von mir wissen.
„Seit drei Jahren", erkläre ich.
„Cool, ich auch", freut sie sich.

Ich binde die rosa Satinbänder meiner Spitzenschuhe kreuzweise fest um meine Fußgelenke, verknote die Enden und verstecke sie unter dem oberen Rand. Vorsichtig stelle ich mich auf die Spitze. Ich glaube, ich brauche neue Schuhe. Meine biegen sich schon ziemlich ... Mir sind mal beinahe welche durchgebrochen. Ein Glück, dass das nicht beim Tanzen passiert ist!
Zuerst machen wir ein paar Übungen an der Ballettstange. Hauptsächlich aus dem Lehrplan der anstehenden Prüfung: *Rises*, *Relevés* und *Piqués*. Die französischen Ausdrücke kenne ich schon, aber die englisch ausgesprochenen *Rises* sind mir neu. Dabei bezeichnet das einfach nur ein langsames Hochrollen auf die Spitze. Meine alte Ballettlehrerin hat nie den Fachausdruck verwendet.

AB WANN DARF MAN AUF SPITZE TANZEN?

DIE MEISTEN BALLETTLEHRER EMPFEHLEN, FRÜHESTENS MIT ZEHN JAHREN MIT SPITZENTANZ ZU BEGINNEN, DA VORHER DIE FÜßE NOCH NICHT AUSGEWACHSEN SIND UND ES SO SCHNELLER ZU VERLETZUNGEN KOMMEN KANN.

Wie bindet man Spitzenschuhe?

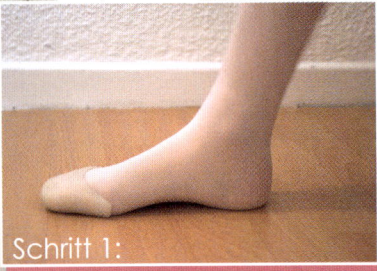

Schritt 1:
Die Schutzkappe überziehen (natürlich nur, wenn man eine hat), dann den Schuh.

Schritt 2:
Das innere Band kreuzweise über den Spann legen.

Schritt 3:
Das äußere Band ebenfalls kreuzweise über den Spann legen.

Schritt 4:
Die Bänder um den Knöchel wickeln (Wichtig: Nicht zu tief unten schnüren, damit die Bänder nicht auf die Achillessehne drücken!).

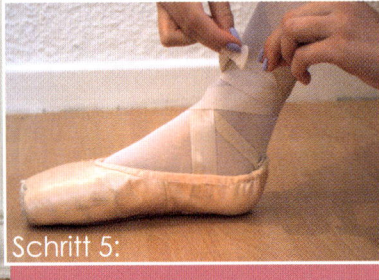

Schritt 5:
Die Enden der Bänder auf der Innenseite des Beines verknoten.

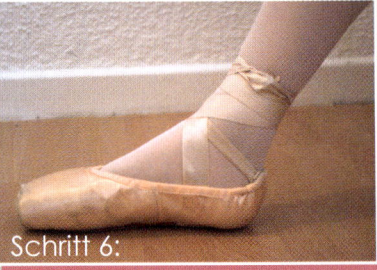

Schritt 6:
Abschließend den Knoten unter den Bändern verstecken.

„Oh, Emma, du brauchst dringend neue Schuhe", meint Lene, als sie bei den *Rises* meine Fußposition verbessert.
„Ich fahre demnächst mit meiner Mutter einkaufen." Ich brauche ohnehin ein neues Trikot. Mit den beiden, die ich habe, komme ich nicht aus, wenn ich drei- bis viermal die Woche trainieren will. Außerdem geht eins schon kaputt. Da brauche ich dringend Ersatz.
„Sehr gut." Lene geht weiter.

In der Mitte üben wir *Pirouetten* auf der Spitze. Das ist schwerer als mit Ballettschläppchen. Man braucht viel mehr Kraft.
„Nele, du musst das Standbein strecken!", ruft Lene. Ich schmunzle. Wie Cons.
„Sehr gut, Emma. Jetzt nimm nur den Kopf noch schneller mit", lobt sie mich.
„Lene, guck mal." Amalie vollführt eine halbe *Pirouette*. Nicht schlecht. Mit gestrecktem Standbein.
„Super. Jetzt versuch noch, ganz rumzukommen." Lene lächelt. Amalie wirft mir einen wütenden Blick zu. Was hat sie denn, das war doch gut! Obwohl es nur eine halbe Drehung war.

Am Ende der Stunde machen wir *Piqués* mit Drehung aus der Saalecke. Das heißt dann *Tour Piqué*. Die sind ehrlich gesagt meine Lieblingsdrehungen. Die gehen so ähnlich wie *Pirouetten*, nur dass man ganz viele hintereinander diagonal durch den Raum macht, von einer Ecke in die gegenüberliegende der anderen Ballettsaalseite.

„Jeder in seinem eigenen Tempo!", ruft Lene.
Nele und ich bilden eine Zweiergruppe.
„Sehr gut, Emma!" Lene zwinkert mir anerkennend zu. Amalie sieht nicht sehr begeistert aus.

„Habt ihr an deiner alten Ballettschule alle mit kaputten Spitzenschuhen getanzt?", fragt sie spöttisch, als wir erschöpft im Umkleideraum sitzen.

„Ist doch egal. Spitzenschuhe sind schnell durch, wenn man starke Füße hat", grummelt Nele. „Profis verschleißen oft mehrere an einem Tag."
„Halt du dich da raus!" Amalie mustert hochnäsig Neles Spitzenschuhe, die noch ziemlich hart aussehen. „Dann dauert das bei dir ja noch ewig, bis die mal so aussehen wie Emmas."
„Nele hat die doch erst das dritte Mal an", mischt sich Zoé ein.
„Wollt ihr jetzt ernsthaft über Spitzenschuhe streiten?" Nele starrt uns ungläubig an.
„Das ist mir viel zu kindisch." Amalie steht auf und schultert ihre Tasche. „Aber wir sehen ja, wen von uns Lene zur Prüfung schickt." Sie wirft uns noch einen verächtlichen Blick zu und verlässt den Raum.
„Nein, sie ist überhaupt nicht kindisch." Zoé kichert.
„Emma, du machst ihr richtig Angst!" Nele lacht.
„Wieso das denn?" Ich finde nicht, dass ich besser als Amalie bin.
„Weil du hundertpro zur Prüfung geschickt wirst, obwohl du neu hier bist", meint Nele.

„Meint ihr?" Ich runzle die Stirn. Amalie hat doch recht. Ich kenne die Hälfte der Übungen noch gar nicht.
Ich verabschiede mich und gehe zu Lene.
„Ich kenne jemanden, der hätte auch sehr gerne Ballettunterricht. Kann ich den mal mitbringen?", frage ich.
„Natürlich. Ich freue mich immer über neue Gesichter." Lene lächelt.
„Super." Ich lächle zurück und mache mich auf den Weg nach draußen. Ob ich hätte sagen sollen, dass dieser Jemand ein Junge ist? Vielleicht will Lene sich gerne darauf vorbereiten … Na ja, jetzt ist es zu spät.

Zu Hause mache ich es mir in meinem Zimmer gemütlich.
„Hey. Deine Mutter hat mich hochgeschickt." Cons steckt den Kopf zur Tür herein.
„Hi, komm rein." Ich rücke ein Stück zur Seite, damit er sich zu mir aufs Bett setzen kann. Er kommt abends oft kurz vorbei, wenn seine Eltern noch arbeiten. Das sind richtige Arbeitstiere.
Cons fläzt sich neben mich aufs Bett. Er sieht ein bisschen verschwitzt aus. Seine dunkelblonden Haare stehen in alle Richtungen. Das tun sie zwar sonst auch, aber nicht so extrem.
„Bist du einen Marathon gelaufen?", frage ich belustigt.
„War mit Tom Fußball spielen", erklärt er knapp. In dem Moment höre ich, wie mein Bruder im Badezimmer das Radio aufdreht.
„Wie war dein Tanztraining?", will Cons wissen.

„Cool. Wir haben die ganze Stunde Spitze getanzt. Und ich hab Lene gefragt, ob du mal mitkommen kannst." Ich mache eine Kunstpause. Und erreiche den Effekt, den ich haben wollte. Cons richtet sich schlagartig auf.

„Und?" Er starrt mich erwartungsvoll an. Ich kichere. Mit dem Blick sieht er aus wie ein Hund.

„Sie freut sich immer über neue Gesichter." Ich grinse.

„Cool." Cons macht es sich wieder bequem.

„Solang es dir nichts ausmacht, der einzige Junge zu sein", ergänze ich.

„Nö." Er gähnt.

„Perfekt." Ich freue mich schon. Vor allem auf die Gesichter der anderen. Bestimmt verknallt sich direkt die Hälfte der Mädchen in ihn. Tom meint, Mädchen in meinem Alter sind so. Der Spinner!

„Dann können wir richtig *Pas de deux* tanzen", murmelt Cons.

„Stimmt." Ich schmunzle. Wir haben das schon mal versucht, aber es sah eher aus wie zwei Verrückte in der Disco und ist in einem Lachkrampf geendet.

„Hast du schon was wegen des dummen Zettels unternommen?", wechselt Cons das Thema.

Ich hab ihm gestern Abend noch eine Nachricht wegen Jeremys Zettelaktion geschickt.

Ich schüttle den Kopf. In der Schule hat Jeremy heute gefehlt. Da hatte ich meine Ruhe.

„Hast du denn vor, was zu machen?"

PAS DE DEUX:

PAS DE DEUX IST FRANZÖSISCH UND BEDEUTET WORTWÖRTLICH „TANZSCHRITT ZU ZWEIT". IM BALLETT BEZEICHNET DIESER AUSDRUCK EIN DUETT.

„Was denn?" Ich starre an die Decke. Cons zuckt mit den Schultern.

„Keine Ahnung. Ihn zur Rede stellen. Oder 'nem Lehrer alles sagen", schlägt er vor.

„Du weißt, wie das endet, wenn ich ihn zur Rede stelle." Ich werfe ihm ein Kissen an den Kopf. „Und zu einem Lehrer gehen macht keinen Sinn. Ich käme mir albern vor, weil ich das nicht alleine geregelt kriege. Was kann ich denn vorzeigen? Einen Zettel, auf dem er mich an meine Hausaufgaben erinnert? Da freuen die Lehrer sich doch. Wahrscheinlich kriegt Jeremy dann noch einen Orden als besonders aufmerksamer und hilfsbereiter Schüler."

„Stimmt." Cons lacht. „Aber uns fällt schon noch was ein. Der kommt so nicht davon."

Ballettwissen

Berühmte Tänzerinnen und Tänzer von damals:
- Anna Pawlowna Pawlowa (12.02.1881 – 23.01.1931) war eine russische Primaballerina. Ihr Solo *Der sterbende Schwan* ist weltberühmt.
- Rudolf Chametowitsch Nurejew (17.03.1938 – 06.01.1993) war ein russischer Balletttänzer. Er begann erst mit 17 Jahren eine professionelle klassische Ballettausbildung. Seine Duette mit der Primaballerina Margot Fonteyn machten ihn weltberühmt.

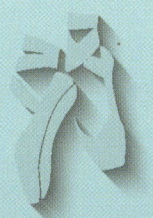

4. Ballett-SHOPPING

Am Samstag sitze ich gut gelaunt im Auto und warte auf meine Mutter. Sie wollte nur noch kurz die Waschmaschine ausstellen. Eine Aktion, die schon mal zehn Minuten dauern kann, weil sie dann doch noch schnell die Wäsche aufhängt oder in den Trockner steckt oder irgendwas anderes im Vorbeigehen „schnell" erledigt. Aber heute wird endlich eingekauft, da nehme ich doch gerne zehn Minuten langweiliges Warten im Auto in Kauf.
„Hey, Em, wohin geht's?" Cons erscheint im Nachbarvorgarten.
„Shopping. Ich brauche neue Spitzenschuhe und ein neues Trikot", erkläre ich.
„Cool." Er zwinkert mir zu.
„Hallo, Cons. Möchtest du mitkommen?" Mama schließt unsere Haustür ab. „Emma kann sicher Unterstützung beim Aussuchen brauchen."
Ich werde rot. Die Vorstellung, dass Cons mir beim Aussuchen von Balletttrikots hilft, ist etwas peinlich. Scheint ihm aber nichts auszumachen.
„Wenn ich darf", meint er schulterzuckend.
Keine fünf Minuten später sitzt er mit im Auto.

Erwähnte ich bereits, dass ich mich stundenlang in Tanzgeschäften aufhalten kann? Es ist ein Paradies.
So viele Trikots, Röcke, Schuhe und Tütüs … Einfach traumhaft.

Aber leider auch oft sehr teuer.

Mama belagert direkt eine Verkäuferin. „Meine Tochter braucht Spitzenschuhe", erklärt sie.

Die Verkäuferin führt uns zu dem Regal mit den Schuhen.

„Welche hättest du denn gerne?"

Ich reiche ihr meine alten Schuhe, die ich vorsichtshalber mitgenommen habe.

„Meine Trainerin meinte, ich sollte extra harte nehmen", sage ich. Das hatte meine alte Ballettlehrerin auch schon gesagt. Ich frage mich, ob das wirklich etwas bringt, wenn man viel Spitze tanzt. Was ich definitiv tue!

„Dann schauen wir mal." Die Verkäuferin durchwühlt das Regal und präsentiert uns ihre Auswahl.

Geduldig probiere ich ein Paar nach dem anderen an. Man glaubt gar nicht, wie viele Sorten es gibt. Cons schaut aufmerksam zu. Bewundernswert.

Einmal ist Tom mitgekommen und hat schon nach dem zweiten Paar die Krise gekriegt. Dabei ist es extrem wichtig, dass der Schuh perfekt sitzt. Sonst kann man nicht vernünftig stehen, kommt nicht hoch oder verletzt sich sogar. Und das will ich nicht.

„Die sind gut." Vorsichtig stelle ich mich auf die Spitze. Oh ja, diese Schuhe sind perfekt. Nicht zu eng, nicht zu weit. So wie Spitzenschuhe sein sollen.

Die Verkäuferin tastet noch ein bisschen an meinem Fuß herum, nickt zustimmend und packt die Schuhe dann ein.

> **WANN PASST EIN SPITZENSCHUH OPTIMAL?**
>
> DER SPITZENSCHUH PASST OPTIMAL, WENN DIE SOHLE MIT DER FERSE ABSCHLIESST, SOBALD MAN AUF DER SPITZE STEHT. AUSSERDEM SOLLTE ER NICHT ZU WEIT ODER ZU ENG SEIN, DA ES SONST SCHNELLER ZU UNANGENEHMEN BLASEN KOMMEN KANN. IN BALLETTGESCHÄFTEN WIRD ABER AUCH MEISTENS EINE BERATUNG ANGEBOTEN.

„Ich brauche noch ein Trikot", erkläre ich weiter. „Am besten in Schwarz." Nele hat mir erzählt, dass für die Prüfung ein schwarzes Trikot vorgeschrieben ist.

„Hier, schau mal." Die Verkäuferin zeigt mir einen Ständer voller Balletttrikots.

„Das ist schön." Ich ziehe entschlossen eins heraus. Es hat einen tiefen Rückenausschnitt, Spaghettiträger und ist vorne und hinten etwas gerafft. Genau so eins habe ich im Internet gesehen und gleich auf meine imaginäre Wunschliste gesetzt. Allerdings ist diese Liste extrem lang und es stehen auch andersfarbige Trikots drauf.

Wenig später schickt mich die Verkäuferin mit einem ganzen Stapel Trikots zu den Umkleidekabinen und lässt mich anprobieren. Alle sind schwarz, aber sie sind völlig unterschiedlich geschnitten. Manche bestehen aus Baumwollstoff, die meisten aber sind aus Kunstfasern, aus glänzendem Jersey, fast wie Badeanzüge. Das Schwarze mit dem tiefen Rückenausschnitt passt wie angegossen. Und sieht total schön aus.

„Wie findet ihr's?" Ich ziehe den Vorhang zurück.

„Wunderschön." Mama lächelt mir zu. „Cons, was sagst du?"

Cons reckt den Daumen hoch und zwinkert mir zu. Ich werde rot. Ein bisschen komisch komme ich mir schon vor. Aber nur ein bisschen. Immerhin ist er ja mein bester Freund. Und er hat mich auch schon ganz oft im Bikini gesehen.

Ich verschwinde wieder in der Kabine und ziehe mich um. Mama hat mir erlaubt, dass ich mir noch ein zweites Trikot aussuchen darf, das ich dann zu Weihnachten kriege. Diesmal nehme ich einen Stapel bunte Trikots mit in die Kabine. Nach und nach präsentiere ich meine Auswahl. Cons ist von allen begeistert. Wie war das mit der großen Hilfe beim Aussuchen? Schließlich fällt die Wahl auf ein schönes dunkelblaues und ein pinkes Trikot, das gerade im Sonderangebot ist und deswegen auch gekauft wird.

„Schaut euch ruhig noch etwas um", sagt Mama und lächelt mir zu.

Ich laufe natürlich direkt zu den Tütüs und Kleidern. Vielleicht wünsche ich mir ein Tütü zu Weihnachten. In Schwarz, passend zu dem neuen Trikot. An meiner alten Ballettschule hatten wir mal bei einer Aufführung weiße Tütüs an. Wir waren Schneeflocken. Ich hätte meins am liebsten mit nach Hause genommen. Daraufhin haben meine Eltern mir ein rosafarbenes Tütü geschenkt, aber das ist mir schon fast zu klein. Schade eigentlich. Ich schaue mich nach Cons um. Bestimmt ist er in die Herrenabteilung gegangen. Erstaunlich, dass es eine gibt. Außer Cons, der aber auch nicht „offiziell" tanzt, kenne ich keinen Jungen, der eine Ballettschule besucht. Wo kommen denn dann eigentlich die ganzen männlichen Profitänzer her? Das frage ich mich oft. Ich schmunzle, als ich Cons bei den Schuhen entdecke. Angeregt unterhält er sich mit einem Verkäufer.

„Und Sie tanzen wirklich nicht professionell?", fragt dieser ungläubig.

„Nein." Cons lacht. „Ich hab eine Privattrainerin." Er zeigt auf mich. Schlagartig werde ich wieder rot. Cons, muss das sein? Hier vor allen Leuten?

„Dann viel Erfolg noch." Der Verkäufer verabschiedet sich und geht zu einem anderen Kunden.

Kaum ist er außer Hörweite, bricht Cons in schallendes Gelächter aus. „Der hat mich ernsthaft für 'nen Profi gehalten!"

„Ich hab's gemerkt." Ist aber auch kein Wunder. Cons ist groß und muskulös, hat eine ziemlich aufrechte Haltung. Er könnte locker als Tänzer durchgehen.

„Voll cool, oder?"

„Ja."

„Ich hätte das theoretisch gar nicht richtigstellen müssen." Cons sieht stolz aus.

„Nö." Ich grinse. Bestimmt redet er jetzt die nächsten zwei Stunden von nix anderem mehr. Zumindest macht Tom das immer, wenn er auf irgendwas stolz ist. Jungs eben.

Kurze Zeit später sitzen wir in meinem Zimmer und nähen. Beziehungsweise ich nähe und Cons schaut zu. Schließlich hat er keine neuen Spitzenschuhe, die nur danach schreien, eingetanzt zu werden. Aber erst kommt der unangenehme Teil. Leider kauft man Spitzenschuhe immer ohne Bänder. Die muss man selber annähen. Früher hat Mama das für mich gemacht, aber die Zeiten sind seit meinem zweiten Paar Spitzenschuhe leider vorbei. In einer Fernsehdokumentation hat sie gesehen, dass das Bänder- und Gummiannähen zum Alltag des Tänzers gehört und mir sofort die passenden Nadeln, eine Schere, einen Fingerhut und Garn in Rosa, Weiß und Schwarz gekauft. Sie schien erleichtert.

Emmas Tipps
ZUM ANNÄHEN VON BÄNDERN:

Zum Annähen der Satinbänder hilft es, den hinteren Fersenteil des Schuhs umzuklappen und die Knickstelle mit einem Kugelschreiber zu markieren.

Hat man das Gefühl, der Schuh rutscht trotz Satinbändern, kann man zusätzlich noch ein Gummiband hinten an den Fersenteil nähen.

Ist der Schuh trotzdem noch zu locker oder leiern die Bänder schnell aus, näht man noch ein Gummiband an die gleiche Stelle, an der die Satinbänder angenäht sind. Das fällt dann nicht auf und der Schuh hält!

Um die Nähte zu fixieren und das Ausfransen der Satinbänder zu vermeiden, einfach etwas durchsichtigen Nagellack über die Nähte und Schnittstellen streichen.

„Schade, dass ich meinem Vater nichts davon erzählen kann",
meint Cons und sieht dabei ziemlich traurig aus.
„Erzähl's doch deiner Mutter. Die steht doch auf deiner Seite."
Autsch. Ich habe mir in den Finger gestochen.
„Vielleicht." Cons schnappt sich den fertigen Spitzenschuh und
begutachtet mein Werk.
„Wenn deine Mutter einverstanden wäre, würdest du es deinem
Vater dann sagen?", will ich wissen.
Cons zieht gedankenverloren an dem Band.
„Echt faszinierend, wie hart die Sohlen am Anfang sind."
„Cons? Ich hab dich was gefragt."
„Was?"
Ich stöhne. Jungs! Tom ist auch manchmal so verpeilt.
„Ob du nicht doch nochmal mit deinem Vater reden willst",
wiederhole ich geduldig. Cons zuckt mit den Schultern.
„Weiß nicht. Irgendwann vielleicht mal."

5. JEREMY

Am Montagmorgen sitze ich in der Schule und schlafe beinahe ein. Die halbe Nacht habe ich wach gelegen und darüber nachgedacht, was Cons' Vater wohl sagen wird, wenn er von den Ballettstunden erfährt. Jeremy ist bisher ziemlich ruhig geblieben. Hoffentlich bleibt das auch so. Der erste Schultag seit langem ohne blöden Kommentar oder Streich. Ein Traum!
„Emma? Ich hab dich was gefragt!" Nina wedelt mit der Hand vor meinem Gesicht herum. Ich schrecke auf.
Was? Sie hat mich was gefragt?
„Wie viele Seiten hast du?"
„Öhm …" Hastig schlage ich mein Deutschheft auf und zähle die Seiten meiner Gedichtanalyse. „Vier."
„Cool, ich auch", freut sich Nina.
„Warum schreibt ihr alle so viel? Ich hab mit viel Mühe anderthalb zusammengekriegt", brummt Cons.
In dem Moment betritt Frau Berger den Raum.
„Guten Morgen, meine Lieben!", ruft sie fröhlich.
„Frau Berger, die Emma hat die Hausaufgaben nicht!", brüllt Jeremy.
„Stimmt gar nicht!", brülle ich zurück und zucke im selben Moment zusammen. Brüllen ist eigentlich gar nicht mein Stil.
„Doch, du wolltest doch eben bei Nina abschreiben! Weil du keine Zeit hattest wegen deinem Ballettkram!"
„Hör auf, so einen Quatsch zu erzählen!", mischt sich jetzt Nina ein.

Cons trommelt mit den Fingern auf der Tischplatte herum. Ein Zeichen dafür, dass er jeden Moment ausrastet. Deswegen hat er oft Probleme. Wenn ihm etwas nicht passt, dauert es nicht lange und er flippt total aus. Er sagt, er habe das von seinem Vater und die Gene könne man nicht verändern. Ich habe das Gefühl, dass das Tanzen ihm guttut. Er lernt dadurch, sich besser zu beherrschen. Beim Tanzen muss man sehr diszipliniert sein und jedes Körperteil, jeden Muskel unter Kontrolle haben.

„Könnt ihr mir bitte verraten, was das Theater soll? Emma? Jeremy? Nina?" Frau Berger schaut jeden einzelnen von uns streng an. „Und Constantin, du hörst bitte mit dem Getrommel auf."

„Emma hat ihre Hausaufgaben nicht und ihre Freunde wollen sie schützen." Jeremy grinst hämisch.

„Aber das stimmt doch gar nicht!", verteidige ich mich.

„Das will ich auch hoffen, Emma." Frau Berger seufzt.

Ich starre sie entgeistert an. Ist die etwa auf Jeremys Seite? Merkt die gar nicht, was der hier für Spielchen treibt? Verteidigend nehme ich mein Heft in die Hand und ärgere mich sofort über mich selbst. Warum fühle ich mich so unangenehm in die Ecke gedrängt? Cons hat wieder angefangen zu trommeln.

„Also Jeremy, von hier aus wirkt es, als hätte Emma alles dabei. Doch dazu später. Denke lieber mal über den Sinn solcher Anschuldigungen nach, ja?" Frau Berger durchbohrt Jeremy mit einem strengen Blick. Der grinst nur selbstverliebt und lehnt sich betont cool zurück. Blödmann!

Ich bin froh, dass wir erst etwas anderes besprechen. Aber als wir später zu den Analysen kommen, bittet Frau Berger mich doch nach vorne, um meine vorzulesen. Warum ich? Ist sie etwa skeptisch?

Zögernd stehe ich auf und schleiche nach vorne. Die Klasse tuschelt und Jeremy fixiert mich. Er schneidet eine Grimasse. Ich würde am liebsten weglaufen. Normalerweise liebe ich es, auf Bühnen zu stehen, aber vor dieser Klasse ist es die reinste Qual. Ich werfe Cons einen hilflosen Blick zu. Er zwinkert mir zu. Ich straffe die Schultern und räuspere mich. Dann fange ich an vorzulesen.

„Von welcher Internetseite hast du die denn?", fragt Jeremy dazwischen.

„Äh, was?" Jetzt bin ich aus meinem Lesefluss herausgekommen.

„Die ist doch hundertpro kopiert."

„Jeremy, lässt du sie bitte zu Ende lesen?", mahnt Frau Berger und nickt mir aufmunternd zu.

„Ich hab das nicht kopiert!", verteidige ich mich.

„Das sagen sie alle", spottet Jeremy.

„Woher willst du das denn wissen?", antworte ich schnippisch.

„Schluss jetzt, ihr zwei! Emma, lies bitte zu Ende. Nach der Stunde sammle ich eure Hefte ein und benote die Analysen." Frau Bergers Blick sieht etwas skeptisch aus. Bestimmt ist die ein oder andere Person dabei, die ihre Analyse aus dem Internet hat. Aber glaubt sie tatsächlich, dass ich so etwas tun würde?

In der Pause schlendere ich mit Nina und Cons über den Schulhof. Plötzlich werde ich von hinten angerempelt.
„Hey!", protestiere ich.
„Ey, Emma, deine Analyse war ja sooo toll! Ganz fein abgeschrieben", spottet Jeremy und schubst mich direkt nochmal.
„Lass sie in Ruhe!", faucht Nina.
„Wie wär's, wenn du ab jetzt meine Hausaufgaben machst?" Jeremy stellt sich dicht vor mich.
„Ich denk nicht dran!" Ich drehe mich weg.
„Wie schade." Jeremy grinst herablassend und schubst mich ein drittes Mal. Diesmal stolpere ich und falle direkt in Cons' Arme.
„Hau ab, du Idiot!", knurrt er und legt schützend den Arm um mich.
„Nö, kein Bock!", höhnt Jeremy.
„Hey! Was soll das?" Tom! Mein geliebter Bruder!
„Lass sie los!", schreit Jeremy Cons an und reißt mich zu sich.
„Das ist meine Freundin!"
„Das wüsste ich." Tom schubst ihn von mir weg. „Verschwinde und rühr nie wieder meine Schwester an, kapiert?"
„Kann ich nicht für garantieren!" Jeremy lacht laut auf, verkrümelt sich dann aber.
„Was war das denn für einer?" Tom schaut ihm wütend hinterher.
„Jeremy", murmle ich.
„Ist der in deiner Klasse?"
„Leider", seufze ich.
„Macht der sowas öfter?" Tom runzelt die Stirn.

„Immer", antwortet Nina.

„Emma, das musst du 'nem Lehrer sagen! Oder Mama und Papa!"

„Was bringt das denn? Frau Berger merkt das nicht mal, wenn der mich tyrannisiert!" Ich erzähle ihm von dem heutigen Vorfall.

„Jeremy ist ja nicht blöd. Der macht das überwiegend hinter dem Rücken der Lehrer, damit er vor ihnen weiterhin als braver Musterschüler dasteht", überlegt Nina. „Die Lehrer lieben ihn doch und er ist nicht umsonst Klassensprecher."

Es gongt. Wir gehen zurück zum Klassenraum. Soll ich es Mama und Papa heute erzählen? Ich wette, wenn ich es nicht tue, macht Tom es.

In der Mittagspause sitze ich mit Cons und Nina in der Mensa. Jeremy, der am Tisch hinter uns isst, hab ich den Rücken zugedreht.

„Was ist eigentlich aus eurem Plan geworden, dass Cons mit dir zum Ballett geht?", will Nina wissen.

„Meine Trainerin ist einverstanden." Ich schiebe mir eine Gabel Salat in den Mund.

„Ich muss meine Mutter noch fragen", meint Cons.

„Glaubst du, die hält das vor deinem Vater geheim?" Nina zieht skeptisch eine Augenbraue hoch. Natürlich ist sie in unsere Pläne eingeweiht. Schließlich ist sie unsere beste Freundin.

„Mein Vater fährt demnächst für eine Woche in die Schweiz und nach Weihnachten für längere Zeit nach China auf Geschäftsreise. Schätze, das ist die perfekte Gelegenheit." Cons stochert

WANN HABE ICH SCHON MAL JEMANDEN BESCHÜTZT?

WIE VERHALTE ICH MICH IN EINER MOBBING-SITUATION?
A) ALS BETROFFENER (OPFER)

B) ALS UNBETEILIGTER

in seinen Kartoffeln herum. „Er hat im Moment ziemlich viel mit der Firma um die Ohren und andere Dinge im Kopf. Der merkt das gar nicht, wenn ich nachmittags öfter nicht da bin."
„Oh." Nina schluckt. Ich weiß, dass sie oft Mitleid mit Cons hat. In ihrer Familie weiß immer jeder, wo der andere ist und was er gerade macht.
In dem Moment fliegt eine Erbse auf meinen Teller.
„Bah, Jeremy!", brüllt Nina, als sie von einer weiteren Erbse im Gesicht getroffen wird. Jeremy, Joël und Noël lachen laut.
„Du hast auch welche in den Haaren." Cons zupft mir ein paar Erbsen aus den Haaren. Es ist eklig.
„Wir können das nicht mit ansehen, wie Emma im Salat stochert und magersüchtig wird!", grölt Jeremy.
„Genau, deswegen geben wir ihr von unserm Essen ab!", kichert Noël.
„Sind wir hier im Kindergarten?" Nina wendet sich ab und wir versuchen, die drei nicht weiter zu beachten. Als ein paar Lehrer mit ihren Tabletts an den Tisch kommen, verlassen die Jungs glücklicherweise schnell die Mensa.

Zu Hause setze ich mich zu Mama ins Wohnzimmer.
„Emma, bedrückt dich was?" Sie schaut mich prüfend an.
Klar, normalerweise gehe ich immer direkt in mein Zimmer.
„Jeremy hat mich heute wieder genervt", seufze ich.
„Der aus deiner Klasse?" Mama runzelt die Stirn. „Der dich früher schon mal geärgert hat?"

„Genau der."

„Was hat er diesmal gemacht?"

Ich erzähle von den heutigen Vorkommnissen.

„Kommt das öfter vor?"

„Das Schubsen und die blöden Kommentare ja, aber das mit den Hausaufgaben und den Erbsen hat er heute zum ersten Mal gemacht", erkläre ich.

„Wenn das morgen wieder so ist, sag sofort Bescheid, ja? Ich rede dann mit Frau Berger, die soll mal ein Auge auf den Jungen haben", meint Mama.

„Okay." Ich atme erleichtert auf. Das finde ich gut. Vielleicht schüchtert ihn das ein.

Ballettwissen

Der Weltrekord bei Pirouetten wurde im Jahr 2013 von der damals zehnjährigen Sophia Lucia aufgestellt. Sie schaffte 55 Pirouetten am Stück.

6. CONS' ERSTE *Ballettstunde*

„Lene, das ist Cons", sage ich, als wir gemeinsam die Ballettschule betreten.
„Hallo, Lene." Cons reicht ihr wohlerzogen die Hand.
„Oh, hallo, Cons."
Ich schmunzle. Lene steht die Überraschung ins Gesicht geschrieben.
„Wo kann er sich denn umziehen?", will ich wissen. Der Umkleideraum voller Mädchen kommt ja wohl nicht in Frage.
„Am besten im zweiten Umkleideraum." Lene zeigt auf eine Tür. „Den brauchen wir ja nur, wenn es im anderen zu voll wird. Ab heute ist er offizieller Herrenumkleideraum. Wer hätte das gedacht? Herzlich willkommen, Cons."

„Cool. Danke." Cons lächelt freundlich und schlendert schüchtern zum zweiten Umkleideraum. Ich gehe zu den übrigen Mädchen.
„Ist das dein Freund?", will Nele gleich von mir wissen. Anscheinend haben sie die Szenerie im Flur beobachtet.
„Nicht diese Art von Freund", stelle ich schnell klar.
„Guckt der zu?", fragt Zoé.
„Nee, er möchte heute mal mitmachen."
„Echt? Der kann Ballett?" Nele macht große Augen.
„Ich hab ihm bisher immer Privatstunden zu Hause gegeben", erkläre ich.
„Dann sollte er vielleicht besser in den Anfängerkurs gehen."

Amalie überprüft ihre Frisur. Wenn es da überhaupt etwas zu überprüfen gibt. Sie hat von uns allen immer die ordentlichste Frisur. Ich bin nach der Schule meistens in Eile und schaffe das gar nicht, mir so einen perfekten Dutt zu binden.
Wir ignorieren den Einwand und gehen in den Saal. Cons wartet schon.
„Hi", haucht Nele. Zoé wird rot.
„Hi, ich bin Constantin. Ihr könnt aber auch Cons sagen." Er grinst. Ich lache zurück. In seinem Sportoutfit sieht er ziemlich gut aus. Noch dazu die verwuschelten Haare … Meine Gruppe scheint dahingeschmolzen zu sein. Keiner sagt etwas. Lene klatscht in die Hände.
„Los, wir fangen an!", ruft sie. „Cons, du stellst dich am besten zwischen Amalie und Emma. *Pliés!*"
Während der Stangenübungen beobachte ich Cons. Er schlägt sich wirklich gut. Und er guckt auch kaum bei Amalie ab.
Beim Dehnen rutscht er plötzlich wie selbstverständlich in den Seitspagat. Okay, jetzt bin ich auch beeindruckt. Wieso hat er mir nicht gesagt, dass er das kann?
„Wow!", entfährt es Nele.
„Was denn? Ich hab mal Judo gemacht", erklärt Cons. Alle lachen.
Wir verlassen die Stange und stellen uns im Raum verteilt auf. Hier wird es für Cons schon schwieriger. In meinem Minizimmer konnten wir eigentlich nur *Pirouetten* und kleine Sprünge üben und die meisten Technik-Übungen und kleinen Schrittkombinationen sind neu für ihn.

Trotzdem beeindruckt er alle bei den *Pirouetten*. Es gibt sicher wenig Anfänger, die bereits nahezu perfekte einfache Drehungen können. Wenn man ihn überhaupt noch als Anfänger bezeichnen kann. Er muss ein Naturtalent sein. Immerhin hat er schon zwei Jahre heimliche Tanzerfahrung. Aber ein bisschen stolz bin ich auch auf mich als seine Lehrerin.
„Super, Cons!", lobt Lene. „Und du hast wirklich noch nie getanzt?"
„Emma hat mir Privatstunden gegeben", erklärt er.
„Wirklich?" Lene schaut mich erstaunt an. Ich werde rot und nicke. Das hätte er jetzt wirklich nicht vor Lene erwähnen brauchen.
„Seit zwei Jahren", ergänzt Cons. Oh Gott, ich sehe bestimmt aus wie eine Tomate. Oder eine Kirsche!
„Dann kann ich dich ja schon fast als meine Assistentin einstellen." Lene zwinkert mir zu.
„Tss", kommt es von Amalie.
Dann springen wir. Auch hier beobachte ich Cons genau. Schließlich ist er mein Schützling. Das Springen scheint ihm großen Spaß zu machen. Klar, wem macht Springen keinen Spaß?

„Boah, springst du hoch", staunt Nele in einer Pause. Cons zuckt mit den Schultern.
„Kann sein." Er grinst ein bisschen verlegen.
„Das mit dem Anfängerkurs nimmst du jetzt bestimmt zurück!", ruft Nele, als wir wenig später wieder im Umkleideraum sitzen.

„Aber er ist definitiv nicht auf unserem Niveau", behauptet Amalie verächtlich.

„Da kommt der aber schnell hin", meint Zoé und schnürt mit verklärtem Blick ihre Chucks zu.

„Schade, dass er der einzige Junge ist. Wenn wir mehr hätten, könnten wir *Pas de deux* tanzen", schwärmt Nele. „Wär das nicht cool?"

„Die meisten Jungs in unserm Alter finden Ballett leider uncool." Amalie schlüpft in ihre Jacke.

„Verstehe ich nicht. Vielleicht sollten wir mal Werbung machen." Nele kichert.

„Das bringt doch nichts." Amalie steht auf und verlässt den Raum.

„Lasst uns erstmal froh sein, dass überhaupt ein Junge in unserer Gruppe vorbeischaut. Tschüss!" Ich gehe ebenfalls nach draußen. Hoffentlich hat es ihm gefallen. Cons wartet schon und unterhält sich mit Lene. Den Wortfetzen nach geht es um die Einverständniserklärung der Eltern. Ein heikles Thema in Cons' Fall.

„Emma, wir haben soeben männlichen Zuwachs bekommen", verkündet Lene. Cons steht neben ihr und grinst breit.

„Cool." Hat Cons mit ihr über seinen Vater gesprochen?

„Bring mir die Unterschrift deiner Mutter einfach beim nächsten Mal mit." Lene drückt Cons einen Zettel in die Hand.

„Wann ist denn das nächste Mal?", will Cons wissen.

„Tja, wenn du möchtest schon morgen", sagt Lene.

„Dann bin ich morgen da." Cons steckt den Zettel in seine Tasche.

Er kommt noch mit zu uns. Wir machen es uns in meinem Zimmer bequem.

„Heißt das, du erzählst es deiner Mutter, aber deinem Vater nicht?" Ich ziehe eine Augenbraue hoch.

„Wie gesagt. Mein Vater ist im Moment viel unterwegs", meint Cons. „Bis der den Kopf für solche Themen wieder frei hat, dauert es noch was, und bis dahin kann ich mir in Ruhe etwas überlegen."

„Aber du sagst es ihm?"

„Muss ich ja. Selbst bezahlen kann ich das nicht und meine Mutter gehört nicht zu den Menschen, die einen Topf mit heimlich Erspartem im Schrank stehen hat."

„Meinst du nicht, dass er ausrasten wird?", frage ich skeptisch.

„Das tut er so oder so. Egal, ob ich es ihm heute über Skype sage oder in ein paar Wochen direkt ins Gesicht." Cons legt sich auf den Rücken und starrt die Decke an.

Für eine Weile schweigen wir einfach nur.

„Weißt du, wovor ich am meisten Angst habe?", fragt er plötzlich.

„Nee." Ich kann ja nicht in seinen Schädel gucken.

„Dass er dir die Schuld gibt. Oder meiner Mutter."

„Hä, wieso sollte er das?" Ich setze mich auf und starre ihn an.

„Na ja, ich häng ziemlich viel mit dir rum und du hast mir auch alles beigebracht. Vielleicht denkt er, du übst einen schlechten Einfluss auf mich aus." Cons zuckt mit den Schultern.

„Das stimmt doch gar nicht!"

„Natürlich nicht. Schließlich hab ich dich gefragt, ob du mir ein paar Sachen beibringen kannst. Aber wenn er das ernsthaft behauptet oder meiner Mutter das alles zuschiebt, weil die auch totaler Tanzfan ist, kann der was erleben." Cons macht ein grimmiges Gesicht.

„Hoffen wir das Beste", seufze ich.

„Genau. Themawechsel. Lass uns von was Schönem reden. Hast du dir schon Gedanken über die Klassenfahrt gemacht?" Cons stupst mich an.

Ich stöhne auf. „Mann, Cons, ich denke, wir wollen über was Schönes reden! Wieso musst du mich an die blöde Klassenfahrt erinnern?"

MEINE *schönste* KLASSENFAHRT

7. WIE ÜBERSTEHT MAN EINE *Klassenfahrt?*

Am Montag sitze ich missgelaunt im Bus. Wer fährt schon gerne auf eine Klassenfahrt mit einer Klasse, in der einen sowieso keiner mag?
Okay, immerhin hab ich Cons und Nina.
Aber optimale Gesprächspartner sind die auf der Busfahrt auch nicht. Cons grübelt vor sich hin, wie er seinem Vater das mit dem Ballett einigermaßen schonend beibringen kann, während Nina erschöpft in ihrem Sitz hängt und schläft. Die Ärmste hatte am Wochenende einen Wettkampf im Kickboxen und ist gestern erst ziemlich spät wieder nach Hause gekommen. Aber sie hat eine Medaille gewonnen. Da hat sie etwas Schlaf verdient.
Nur, was mache ich jetzt die nächsten zwei Stunden?

Schließlich sind wir da. Die Zeit ging schneller vorbei als erwartet. Ich habe mein halbes Datenvolumen aufgebraucht, um mir Videos von meinen Lieblingstänzern anzuschauen.
„Wann können wir endlich in die Zimmer?", jammert Nina.
Ich glaube, sie will weiterschlafen.
„Ich gebe euch jetzt die Schlüssel und dann bringt ihr euer Gepäck weg. In einer halben Stunde treffen wir uns wieder hier. Mit festem Schuhwerk." Frau Berger wirft einen missbilligenden Blick auf Ninas pinkfarbene Chucks.
„Müssen wir wirklich durch den Wald laufen? Ist das ihr Ernst?",

zischt Nina mir zu. Sie hat mir mal gesagt, dass Natur nicht ihr Ding ist. Es sei denn, es gäbe ein Picknick.
„Die Tour heißt nicht umsonst Survival-Trip." Cons rümpft die Nase. Er musste die obligatorische Fahrt in die Pampa letztes Jahr schon mitmachen. Niemand weiß, was diese Fahrt bringen soll. Außer einem angeblich besseren Zusammenhalt in den Klassen. Aber ganz ehrlich: Meine Klasse ist da ein hoffnungsloser Fall.
„Wehe, wir kommen nicht in ein Zimmer, Em", murmelt Nina. Noch eine schlechte Nachricht. Frau Berger hat die Zimmer ausgelost.
„In Zimmer 15 sind Laura, Emma, Kathrin und Sarah", verkündet sie. Ich sacke in mich zusammen.
„Mein Beileid, Emma." Cons legt mir eine Hand auf die Schulter. Am liebsten würde ich mich direkt wieder in den Bus setzen und zurück nach Hause fahren. Wieso muss ich auch ausgerechnet mit den Klassenzicken in ein Zimmer? Und wie haben die es geschafft, beim Losen zusammenzubleiben?
Frau Berger drückt Laura den Schlüssel in die Hand. Kichernd und tuschelnd gehen die Zicken zu unserem Zimmer. Ich schlurfe ihnen missmutig hinterher. Ich wusste von Anfang an, dass die Klassenfahrt ein Albtraum wird, aber jetzt entwickelt sie sich zum blanken Horror.
„Emma, du kannst das Bett da haben." Sarah zeigt mit dem Finger auf das Bett neben der Tür. War klar, dass die drei die Betten am Fenster in Beschlag nehmen. Ich stelle meinen Rucksack ab.

„Cons ist echt süß", seufzt Kathrin, während wir die Betten beziehen.

„Ja. Zu schade, dass er mit den falschen Leuten befreundet ist", zischt Sarah. Ich halte in der Bewegung inne. Hallo?! Ich stehe auch hier im Raum?

„Vielleicht erkennt er ja hier, dass es die falschen Leute sind", meint Laura.

„Mit Nina könnte ich mich ja noch irgendwie anfreunden, aber Emma wird echt schwierig." Kathrin öffnet den Schrank und räumt ihre Sachen ein.

„Wenn's ihm ernst mit dir ist, wird er sie sowieso loswerden wollen." Sarah kichert. Ich kralle mich in den Bettbezug, um nicht auf sie loszugehen. Cons würde mich niemals im Stich lassen! Was denken die denn?

„Meint ihr echt, er könnte auf mich stehen?" Kathrin kramt ihre Haarbürste hervor und kämmt ihre gefühlt ewig langen, braunen Haare.

„Keine Ahnung. Er ist ziemlich mysteriös. Aber selbst wenn, ich könnte mir vorstellen, dass Emma das nicht zulassen wird …" Weiter höre ich nicht zu. Ich verlasse den Raum.

Wieso erzählen alle Leute ständig so einen Blödsinn über mich? Ich würde Cons niemals davon abhalten, etwas mit einem anderen Mädchen anzufangen. Dieser Gedanke versetzt mir einen Stich.

Was ist aber, wenn ich ihm wirklich auf die Nerven gehe?
Will er vielleicht auch nichts mehr mit mir zu tun haben?
Ist er vielleicht nur aus alter Gewohnheit immer mit mir zusammen?

Oder weil ich ihm Ballett beibringe?
Bin ich womöglich eine Last?
Ob ich ihn mal danach fragen soll?
„Emma, was ist los?", fragt Nina, als ich auf dem Vorplatz ankomme.
„Frag nicht", antworte ich genervt.
„Zickenterror?" Cons zieht eine Augenbraue hoch. Ich nicke.
„Schön, dass ihr es alle fast pünktlich geschafft habt." Frau Berger wirft den Nachzüglern, die noch angehastet kommen, einen strengen Blick zu.
„Erzähl ich später!", zische ich Nina und Cons zu.
„Als Erstes gehen wir eine Runde spazieren. Wir haben im Bus ja lange genug gesessen. Folgt mir." Frau Berger winkt uns hinter sich her.
„Ich hasse wandern!", jammert Nina, als wir mehr oder weniger fröhlich durch den Wald stapfen.
„Ich hasse Matsch", grummle ich. Cons hat im Internet gesehen, dass es die letzten Tage hier fürchterlich geschüttet hat.
So ähnlich sieht der Waldboden auch aus.
„Da geht's nicht mehr weiter!", brüllt Jeremy plötzlich.
„Da ist ein Fluss!", ergänzt Nöl.
„Tss, Fluss." Cons grinst verächtlich, als er das höchstens knietiefe, aber schnell dahinströmende Bächlein sieht.
„Hat jemand eine Idee, wie wir da rüberkommen?", fragt Frau Berger.
Die Klasse stöhnt. Jetzt wissen wir, warum diese Tour auch

Survival-Trip genannt wird. Man soll gemeinsam Lösungen finden, wie man Hindernisse überwinden kann.

„Schwimmen?", überlegt Jöl. Nina schlägt sich unauffällig an die Stirn.

„Quatsch. Das ist doch voll schmal. Da kann man problemlos drüberspringen." Cons nimmt Anlauf und springt mit einem eleganten Spagatsprung auf die andere Seite der Böschung. Ich schmunzle. Spätestens jetzt war nicht mehr zu übersehen, dass Cons Ballett tanzt.

„Constantin, bist du verrückt?", schimpft Frau Berger.

„War doch easy!", ruft Cons.

„Was der kann, kann ich auch."

„Nix da." Frau Berger hält Jeremy am Ärmel fest. „Wir suchen uns einen ungefährlicheren Weg."

„Schwimmen?", wiederholt Jöl. Keiner beachtet ihn.

„Wir könnten über den Baumstamm da balancieren." Laura zeigt auf einen dicken Baumstamm, der ganz „zufällig" in der Nähe des Bächleins liegt. Ganz ehrlich. Auffälliger geht's nicht. Mit vereinten Kräften legen wir ihn über den Bach. Er ist schwer und es ist gar nicht so einfach, ihn vom oberen Rand unserer Böschung auf den der gegenüberliegenden Seite zu legen. Wie praktisch eigentlich, dass Cons schon hinübergesprungen ist. Das gibt sogar Frau Berger zu.

Nacheinander balancieren wir vorsichtig über den Stamm.
Auch ich wäre lieber gesprungen. Aber das wage ich nicht.
Das Ding wackelt ziemlich. Und ist glitschig. Was ist, wenn jemand abrutscht?

Ich bin fast in der Mitte, als ich einen Stoß im Rücken spüre und mich keine Sekunde später im eiskalten Wasser wiederfinde.
"Emma!", kreischt Nina auf und rutscht mit Cons im Schlepptau die Böschung runter.
"Ich dachte immer, Ballerinen haben so ein gutes Gleichgewichtsgefühl!", grölt Jeremy und fängt an zu lachen. Joël und Noël stimmen direkt mit ein.
"Das ist nicht lustig!" Frau Berger, die gerade dabei ist, die Böschung herunterzuklettern, wirft Jeremy einen strengen Blick zu. "Emma, hast du dir wehgetan?"
"Ich glaub, ich bin auf einen Stein gefallen." Mein Steißbein tut höllisch weh. "Es geht aber." Ich reiße mich zusammen. Bloß nicht anfangen zu weinen! Nicht vor der ganzen Klasse.
"Am besten gehst du schnell zurück zur Jugendherberge und ziehst dir eine trockene Hose an. Nicht, dass du eine Blasenentzündung bekommst. Nina, begleitest du sie bitte?" Frau Berger hilft mir beim Aufstehen und zieht mich ans Ufer. Nina nickt und wirft Jeremy einen feindseligen Blick zu. Der grinst jedoch nur höhnisch.

"Wetten, der hat dich extra geschubst?" Nina tigert wütend im Zimmer hin und her.
Ich habe mich in eine Decke eingekuschelt und beobachte sie dabei.
"Können wir nur leider nicht beweisen", erwidere ich. Zu blöd, dass unser stellvertretender Klassenlehrer wenige Minuten vor der Abfahrt einen Magen-Darm-Infekt bekommen hat und kein

anderer mitfahren konnte. Eine zweite Person hätte bestimmt etwas gesehen.

„Tss, der ging direkt hinter dir! Außerdem hast du gesagt, du hättest einen Stoß bemerkt. Vielleicht hat Cons es sehen können", hofft Nina.

„Jeremy würde eh widersprechen. Und alle aus der Klasse würden ihm glauben." Ich lege den Kopf auf meine Knie. Warum merkt Frau Berger eigentlich nichts? Als Klassenlehrerin müsste die doch mitkriegen, dass hier so einiges nicht mit rechten Dingen zugeht.

8. Tag 2

Am nächsten Morgen bin ich schon früh wach. Ich schleiche ins Bad. Aua, auf meinem Rücken ist ein riesiger blauer Fleck. Und ich hab Halskratzen. Danke, Jeremy. Wenig später sitzen wir im Frühstücksraum.
„Habt ihr gut geschlafen?", will ich wissen. Nina und Cons sehen beide nicht sehr ausgeschlafen aus. Wir mussten gestern im Gemeinschaftsraum zwar noch ein paar gruppenfördernde Spiele spielen, bei denen Jeremy und Co. sich auf wundersame Weise mit ihren Ärgereien zurückgehalten haben, aber um zehn Uhr wurden wir alle ins Bett geschickt.
„Wir haben noch bis halb drei Videos auf unsern Handys geguckt." Cons gähnt.
„Wir haben ewig erzählt", berichtet Nina. Ich gebe zu, ich beneide die beiden. Offensichtlich haben sie viel Spaß in ihren Zimmern. Meine Zimmergenossinnen ließen mich links liegen, schauten sich endlos Beauty-Tipps im Internet auf ihren Handys an und lästerten über die Styling-Sünden von unsern Lehrern und Mitschülern. Natürlich fiel auch mein Name mehrfach, obwohl ich im Raum war. Dabei kleide ich mich nicht anders als sie selbst. Aber offensichtlich gilt mein rosafarbenes Lieblingssweatshirt als schwerer Fashion-Notfall.
„Um halb zehn treffen wir uns draußen am Eingang", verkündet Frau Berger. „Mit festem Schuhwerk."
„Ich mag meine festen Schuhe aber nicht", brummelt Nina.

Klar, dass die braunen Wanderschuhe, die ihre Mutter ihr geliehen hat, ihrem eigenen Geschmack überhaupt nicht entsprechen.

„Emma, du bleibst bitte hier und ruhst dich aus. Das ist besser für dich", meint Frau Berger. „Mir gefällt das nicht, dass das Fieberthermometer leicht erhöhte Temperatur angezeigt hat."

„Sie ist ein Sicherheitsrisiko!", grölt Jeremy und bricht in schallendes Gelächter aus. Vielen Dank! Jetzt ist der Tag endgültig für mich gelaufen. Ein blauer Fleck, ein blöder Kommentar und dazu das ungute Gefühl, eine Erkältung auszubrüten. Meine Nase ist zu und ich hab neben den Halsschmerzen jetzt auch noch ein bisschen Kopfweh.

„Du hast es gut", meint Nina. „Ich will auch hierbleiben."

„Ich auch." Cons springt auf und läuft zu Frau Berger.

Wenig später kommt er zurück.

„Was wolltest du von der?", frage ich.

„Das wäre doch verantwortungslos, dich alleine hierzulassen. Deswegen habe ich mich als dein Aufpasser gemeldet. Immerhin kenne ich das ganze Programm hier schon vom letzten Jahr und weiß, wie ich in der Wildnis überlebe. Ich würde den anderen nur den Spaß verderben." Er grinst.

„Hey! Was ist mit mir?", protestiert Nina.

„Du bist morgen dran", erklärt Cons und läuft ins Haus.

„Perfekt." Nina umarmt mich. Ich lächle. Ehrlich gesagt, hatte ich schon befürchtet, mich hier den ganzen Tag zu Tode zu langweilen und war schon drauf und dran, meine Eltern anzurufen, um mich abholen zu lassen.

Kaum ist die Klasse aufgebrochen, gehe ich nach draußen und lasse mich auf eine Bank sinken. Es ist wunderschönes Wetter. Sonne und sogar noch relativ warm. Für Oktober.
Ob mein Rücken eine kleine Tanzeinlage aushält? Dieser große Platz hier schreit geradezu danach. Ich beschließe, dass mein Rücken das schafft. Ist ja nur ein blauer Fleck. Vielleicht gehen davon ja auch meine Kopfschmerzen weg. Tanzen tut mir immer gut.
Ich schalte mein Lieblingslied ein – praktisch, diese Smartphones – und lege los. Wie immer vergesse ich alles um mich herum. Jeremy, die Zicken, den blauen Fleck, die Erkältung … Alles.

Gerade beende ich das Tänzchen mit einer Runde *Tour Piqués*, da lande ich in Cons' Armen.
„Ich denke, du bist krank und verletzt." Er grinst.
„Wo kommst du denn jetzt her?" Er war eben plötzlich verschwunden. Ob er mir schon länger zugeschaut hat?
„Hab dich gesucht." Cons lacht.
Ich löse mich aus seinem Griff.
„Es ist so schönes Wetter, da bin ich rausgegangen", erkläre ich.
„Verständlich. Willst du was trinken?" Cons hält mir eine Cola-Flasche hin.
„Ja." Ich greife zu. Ich bin ziemlich aus der Puste. Komisch, dass man das immer erst nach dem Tanzen merkt …
„Wenn das grad die Berger gesehen hätte. Die hätte dich höchstpersönlich mit in den Wald geschleift." Cons grinst.
„Und dich gleich mit." Ich stupse ihn in die Seite.

Wir sitzen eine Weile schweigend nebeneinander auf der Bank und trinken unsere Cola.

"Hast du schon mal *Pas de deux* getanzt? Abgesehen von dem einen Mal mit mir?", will Cons wissen.

"Mit wem denn?" Ich lache. An meiner alten Ballettschule gab es keine Jungs. Und in der neuen nur Cons. Und der ist ein Anfänger. Aber ich bin mir sicher, dass wir sechs Mädchen uns um ihn prügeln werden, wenn es um einen ersten *Pas de deux* mit ihm geht. Das kann noch heiter werden! Vor allem, weil Amalie sich garantiert diesen Part sichern würde, egal wie *weit* Cons unter ihrem Niveau ist.

"Stimmt." Er grinst. "Sollen wir es nochmal versuchen?" Er steht auf und hält mir die Hand hin.

"Okay." Ich lasse mich von ihm hochziehen. Kann ja nur besser werden als beim letzten Mal.

Cons schaltet Musik ein und wir legen los. Am Anfang müssen wir die ganze Zeit lachen, weil sich ständig unsere Arme verknoten. Aber dann tanzen wir uns aufeinander ein und entwickeln eine richtige kleine Choreografie. Wieder bin ich fasziniert von Cons. Er ist wirklich ein Naturtalent. Er bewegt sich total geschmeidig. Als würde er schon ewig tanzen. Letztens hat er zugegeben, dass er zu Hause manchmal versucht, die Choreografien aus Tanzfilmen nachzutanzen. Ist das nicht toll?

Wir halten zwei Lieder durch, dann geht uns die Puste aus.

"Das war super." Ich lasse mich auf die Bank fallen.

"Ja. Müssen wir öfter machen." Cons vollführt noch eine wackelige *Pirouette* und setzt sich dann neben mich.

„Zu blöd, dass wir nicht mehr Jungs in der Gruppe haben. Das wäre so cool, wenn jeder einen Partner hätte. Dann könnte Lene sogar eine separate Jungsgruppe eröffnen", schwärme ich.

„Wahrscheinlich haben die alle solche Väter wie ich", grummelt Cons und fährt sich durch seine Wuschelmähne.

„Hast du überhaupt vor, mit ihm zu reden?", frage ich besorgt. Ich habe allmählich den Eindruck, dass Cons will, dass sein Vater das selbst rausfindet. Aber das würde richtig Ärger geben. Ich glaube, Eltern mögen das nicht, wenn man ihnen etwas verheimlicht und sie dann aus heiterem Himmel damit konfrontiert werden.

„Er ist momentan ja ziemlich beschäftigt, weil seine Firma eine andere aufkauft", meint Cons. „Aber ich glaube, er ahnt was. Letztens hat er mit meiner Mutter Kaffee getrunken und ich hab auch kurz „Hi" gesagt und war total verschwitzt. Da wollte er wissen, wieso ich immer so kaputt aussehe."

„Und was hast du gesagt?"

„Hab Fußball gespielt."

„Na toll, das glaubt dir doch keiner." Cons spielt zwar ab und zu mit den Jungs aus der Nachbarschaft, aber erst, seit sein Vater ihn regelrecht dazu gezwungen hat, irgendeinen „Jungssport" zu machen. Außerdem hat Tom mir erzählt, dass Cons überhaupt kein Gefühl für den Ball hat und deswegen auf dem Platz eigentlich unbrauchbar ist.

„Mir ist nix Besseres eingefallen." Cons kickt einen Stein beiseite.

„Hier seid ihr! Haltet euch fest!" Nina kommt angestürmt.
„Ihr seid schon da?", fragt Cons erstaunt. Wir hatten noch eine ganze Weile über seinen Vater gegrübelt und zwischendurch ein paar weitere Übungen gemacht. Das Lunchpaket, das die anderen fürs Picknick mit in den Wald genommen hatten, aßen wir gemütlich draußen auf einer Decke, die uns die Köchin gegeben hatte. Danach forderte Cons mich zu einer Partie Monopoly heraus. Seit ewigen Stunden sitzen wir nun schon und spielen, wobei er gigantische Mengen an Geld und Straßen anhäuft, während ich immer mehr Miete an ihn zahlen muss. Ich bin nämlich grottenschlecht im Monopolyspielen. Gut, dass Nina uns unterbricht. So können wir das Spiel wegräumen, bevor ich endgültig verliere.
„Schon? Wir waren fast den ganzen Tag im Wald und mussten so komische Spiele machen. Das reicht!" Sie lässt sich erschöpft zu uns auf die Decke fallen.
„Was ist denn so schlimm, dass wir uns festhalten müssen?", will ich wissen.
„Dieser dämliche Jeremy! Emma, ich möchte, dass du gleich beim Essen ordentlich reinhaust", befiehlt sie mir.
„Wieso reinhauen?" Ich runzle verständnislos die Stirn. Sie weiß, dass ich gerne esse. Tänzer brauchen Essen. Sonst fehlt ihnen die Energie für das anstrengende Training.
„Was hat Jeremy damit zu tun?" Cons schaut Nina fragend an.
„Er behauptet, du wärst gestern vom Baumstamm gefallen, weil du durch deine Magersucht ein gestörtes Gefühl fürs Gleichgewicht hast." Nina seufzt.

„WAS?" Cons und ich springen gleichzeitig auf.
„Und Sarah und die anderen Zicken behaupten, sie hätten dich gestern Abend kotzen hören", ergänzt Nina.
„Wie mies ist das denn bitte? Das stimmt doch alles gar nicht!" Mir kommen die Tränen.
„Wissen wir doch." Cons pufft mir aufmunternd in die Seite.
„Ich hab ihnen gesagt, wenn ich mit denen in einem Zimmer schlafen müsste, würde mir auch schlecht werden." Nina betrachtet ihre pink lackierten Fingernägel. „Ach ja, Cons, ich glaube, Kathrin steht auf dich."
„Ja, sie hat gestern schon so komische Andeutungen gemacht." Ich wische mir die Tränen weg. Aber sie hat sich getäuscht. Cons würde mir niemals einfach die Freundschaft kündigen und auf ihre Seite wechseln. Hoffe ich zumindest.
„Na super." Cons verdreht die Augen.

Schließlich gehen wir zum Abendessen. Hoffentlich gibt es etwas Leckeres. Jeremy und die Zicken werden mir wahrscheinlich haargenau auf den Teller gucken.
„Lecker. Nudeln." Cons schaufelt sich eine große Portion auf den Teller und gießt zur Krönung noch zwei Kellen Soße darüber.
„Kein Vergleich zu den trockenen Bohnen gestern."
„Die gucken schon", zischt Nina mir zu.
„Sollen sie doch." Ich schiebe mir eine Gabel voller Nudeln in den Mund und versuche, mein Essen zu genießen. Es schmeckt wirklich gut, aber der Gedanke daran, von der ganzen Klasse beobachtet zu werden, verdirbt mir den Appetit. Blöde Zicken!

Nach dem Essen gehen wir in unsere Zimmer.

„Du packst das." Nina drückt mich kurz.

Kaum hab ich den Raum betreten, fangen meine Zimmergenossinnen an zu tuscheln. Ich lege mich auf mein Bett und vertiefe mich in ein Buch.

„Ich finde das echt ekelhaft", flüstert Sarah. Gerade laut genug, dass ich es hören kann.

„Manche haben's halt nötig", erwidert Laura.

„Dass Cons sich mit sowas abgibt." Kathrin rümpft die Nase.

„Habt ihr mal die hervorstehenden Knochen von der gesehen? Voll hässlich."

„Ich finde, du solltest ihn da langsam mal drauf aufmerksam machen. Der arme Kerl. Er musste den ganzen Tag mit der verbringen." Sarah seufzt übertrieben. „Voll mies von der Berger, ihn einfach mit ihr zurückzulassen, nur weil der das Programm schon kennt."

„Bah. Ich bekomme bestimmt Albträume. Allein die Vorstellung, sich den Finger in den Hals zu stecken, um das leckere Essen wieder auszuspucken. Igitt. Bestimmt träume ich diese Nacht, dass ich in einem Becken voller Kotze ertrinke." Kathrin macht ein Würgegeräusch.

„Aber Cons kommt als weißer Ritter und rettet dich." Laura kichert.

Mir reicht's. Ich stehe auf und stapfe ins Bad.

„Na, Emma, ist es wieder so weit?", fragt Sarah mit hämischem Grinsen. Ich schlage die Tür hinter mir zu und lasse mich auf den Boden sinken. Jetzt kann ich die Tränen nicht mehr zurückhalten.

Was mache ich falsch? Wieso glaubt jeder diesen Blödsinn? Warum kann mich keiner ausstehen?

Ballettwissen

Im Laufe vieler Jahre haben sich verschiedene Techniken entwickelt, nach denen Ballett unterrichtet werden kann. Am häufigsten wird weltweit nach der russischen Waganowa-Methode unterrichtet, dicht gefolgt von dem Lehrplan der Royal Academy of Dance, nach dem Emma unterrichtet wird. Alle Techniken bauen auf den gleichen Schritten auf, allerdings wird der Schwerpunkt auf unterschiedliche Aspekte wie Kraft und Ausdauer gelegt. Hin und wieder unterscheiden sich die Techniken auch in der Ausführung der einzelnen Schritte.

9. Heimfahrt MIT HINDERNISSEN

Zum Glück geht es heute Nachmittag wieder nach Hause! Ich hätte es hier keinen Tag länger ausgehalten. Lustlos kaue ich beim Frühstück auf meinem Brötchen herum. Wie erwartet habe ich eine Erkältung. Sarah, Kathrin und Laura tuscheln. Angeblich ist bei mir durch das ständige Übergeben das Immunsystem geschwächt. Blöde Ziegen!

„Emma, du bleibst heute Morgen nochmal hier. Du hast immer noch erhöhte Temperatur. Nina, du bleibst bei Emma", verkündet Frau Berger.

„Das ist voll unfair!", brüllt Jeremy. Auch die anderen in der Klasse murren.

„Emma ist in einen eiskalten Bach gefallen. Ich will nicht riskieren, dass sie neben Fieber noch eine Blasenentzündung bekommt. Eine Erkältung hat sie schon und sie ist auch ziemlich blass um die Nase", meint Frau Berger.

„Weil sie ständig ihr Essen hochwürgt", zischt Sarah.
Ich werfe ihr einen feindseligen Blick zu.

Nina und ich machen uns einen gemütlichen Vormittag, während der Rest der Klasse die Natur erkundet. Mit Chips und Keksen beladen setzen wir uns auf eine Bank und quasseln. Jeremy und die Zicken lassen wir außen vor. Filme, Musik, Stars und ein Junge aus Ninas Sportverein sind wesentlich interessanter.

„Ich glaube, Cons steht auf dich", sagt Nina plötzlich.
„Wie bitte?" Ich starre sie ungläubig an. Cons ist mein bester Freund, seit wir laufen können. Wieso sollte er sich in mich verknallen?
„Er schaut dich immer so an. Ist dir das noch nie aufgefallen?" Nina schiebt sich einen Keks in den Mund.
„Anschauen? Nö. Er lächelt mir manchmal zu. Aber das machen Freunde nun mal."
„Und wie er sich immer um dich bemüht. Das ist doch ganz logisch!"
Ich werde nachdenklich. Cons beschützt mich immer vor Jeremy. Aber Nina doch auch. Wenn die Situation umgekehrt wäre, täte ich das auch für die beiden. Aber ist man deswegen gleich in jemanden verknallt? Ich weiß nicht ...
„Achte mal drauf." Nina zwinkert mir zu.

Beim Mittagessen nehme ich Cons genauer unter die Lupe. Er verhält sich völlig normal. Er stopft sich die Kartoffeln rein, als würde er erst in einem Jahr wieder etwas Essbares vor die Nase gesetzt bekommen und regt sich nebenbei noch über Kathrin auf, die ihm wohl die ganze Wanderung über hinterhergelaufen ist. Keine Anzeichen, dass er in mich verliebt sein könnte.

„In einer Stunde treffen wir uns mit Gepäck auf dem Vorplatz. Hinterlasst eure Zimmer bitte so, wie ihr sie vorgefunden habt und achtet darauf, dass ihr all eure Sachen eingepackt habt", ruft Frau Berger nach dem Essen.

Wir gehen in unsere Zimmer und stopfen schnell unser Gepäck in die Koffer. Die Zicken ignoriere ich, so gut es geht.
„Emma, ist das dein Handtuch?" Laura, die gerade im Bad ihr Zeug zusammensucht, hält mir ein pinkes Handtuch unter die Nase.
„Ähm, ja, danke." Verdattert schnappe ich mir mein Handtuch und quetsche es in das Seitenfach meines Koffers.
„Warum hast du der das gegeben?", zischt Sarah ihr ins Ohr. Laura zuckt mit den Schultern und packt weiter ihre Reisetasche.

Wenig später stehen wir auf dem Vorplatz.
„Ich geh nochmal aufs Klo", sage ich zu Cons und Nina.
„Okay, wir passen auf." Nina zwinkert mir zu.
Schnell laufe ich zu der Mädchentoilette. Ich bin alleine. Zum Glück. Nach dem Händewaschen will ich die Tür aufdrücken. Es geht nicht. Wieso geht die Tür nicht auf? Sie funktionierte doch beim Reinkommen noch! Moment. Ist das ein Kichern auf der anderen Seite? Ich klopfe zaghaft.
„Hallo?"
„Hallo, Emma!", johlt Jeremy.
„Jeremy, du Idiot, lass mich sofort raus!" Ich haue mit aller Macht gegen die Tür.
„Nö. Du hast dich ja erfolgreich vor dem Survival-Training gedrückt. Hier kannst du 'ne Runde nachsitzen!", ruft Jeremy.
„Genau!", stimmen Jöl und Nöl zu.

„Ihr spinnt doch! Macht sofort auf!" Langsam kommen mir die Tränen. Wollen die mich ernsthaft hier zurücklassen?
„Und wenn ich das nicht mache? Kommt dann dein Prinz von großem Bruder, um mich zu verhauen? Oder petzt du alles Mami?" Jeremy lacht gehässig.
„Sie verprügelt dich mit ihren Spitzenschuhen!", grölt Joël.
„Ihr Blödmänner!" Mehr fällt mir nicht zum Erwidern ein.
„Vielen Dank. Wir müssen los. Tschüss, Emma!", flötet Jeremy.
Ich höre Schritte und sich entfernendes Lachen. Die sind tatsächlich weggegangen. Ich lasse mich hinter der Tür auf den Boden sinken und fange an zu heulen. Was, wenn Frau Berger, Nina und Cons nicht merken, dass ich fehle und wirklich ohne mich losfahren? Wie lange würde es dauern, bis mich hier irgendjemand findet? Ob Jeremy den Schlüssel stecken gelassen hat? Ich fühle Wut in mir aufsteigen. Na warte, wenn ich hier jemals wieder rauskomme, kann der was erleben!

Mein Blick fällt auf das Fenster. Die Toilette ist im Erdgeschoss, also müsste ich nicht einmal springen. Zum Glück lässt sich das Fenster einfach öffnen. Weil es vergittert ist. Na toll! Nicht die Nerven verlieren, Emma! Ruf einfach Hilfe. Na klar! Ich lächle erleichtert. Ich habe doch meine Tasche mitgenommen! Für den Fall, dass es kein Klopapier gibt und ich Taschentücher nehmen muss. Am Fenster habe ich sogar Empfang.
„Emma, was ist? Wo bleibst du?", meldet Cons sich.
„Hol mich hier raus!", rufe ich erleichtert ins Handy.
„Wo bist du?" Im Hintergrund höre ich Motorgeräusche.

Bestimmt sitzen schon alle im Bus.
„Auf dem Mädchenklo, im Erdgeschoss. Jeremy hat mich eingeschlossen."
„Zehn Sekunden." Cons legt auf.
Ich setze mich wieder auf den Boden und zähle von zehn an die Sekunden rückwärts. Bei zwei klopft es.
„Emma?"
Ich springe auf.
„Ja, hier bin ich!"
Es kratzt im Schloss und die Tür springt auf.
„Danke!" Ich falle Cons um den Hals. Und heule schon wieder los. Bestimmt ist meine Wimperntusche total verlaufen.
„Ist ja gut." Cons hält mich im Arm und streicht mir über die Haare. Ich habe das Gefühl, dass wir eine Ewigkeit so stehen.
„Willst du vielleicht noch dein Zombie-Make-up wegmachen, bevor wir zum Bus gehen?" Er lächelt.
„Oh." Schnell wische ich mir mit einem nassen Tuch die Augen sauber. Sieht schon wesentlich besser aus.
„Perfekt." Cons legt mir den Arm um die Schultern und wir schlendern zum Bus. Bestimmt sehen wir aus wie ein Pärchen. Ich muss daran denken, was Nina heute Morgen gemeint hat. Dass Cons in mich verknallt ist. Ob das stimmt? Ich merke, wie ich rot werde. Bestimmt tuscheln im Bus alle über uns.
„Emma, wo warst du?", begrüßt Frau Berger mich. „Beeilt euch. Ihr seid die Letzten."
„Musste noch zur Toilette und hab mich verlaufen", murmle ich.
„Wir wollten schon ohne dich fahren!", brüllt Jeremy.

„Wär sicher keinem aufgefallen, so klein wie die ist!", flötet Sarah.

Cons wirft beiden einen wütenden Blick zu und schiebt mich zu einem freien Platz.

„Es hätte sie auch keiner vermisst." Kathrin schaut mich feindselig an. Soll sie doch. Blöde Ziege. Ich ignoriere sie.

„Was war denn los?", will Nina wissen. „Erst gehst du zur Toilette und kurze Zeit später stürmt Cons wie eine wilde Bestie ins Haus."

„Jeremy hat mich im Mädchenklo eingesperrt", flüstere ich ihr zu.

„Hat er nicht!"

„Doch."

„Jetzt reicht's!", schimpft Nina leise. „Der kann was erleben!"

Ballettwissen

Die größte Ballettkompanie der Welt ist mit über 200 Tänzerinnen und Tänzern das Bolschoi-Ballett in Moskau. Weitere weltberühmte Kompanien sind das britische Royal Ballet, das Marinsky Theater in St. Petersburg, das Nationale Ballet in den Niederlanden oder auch das deutsche Staatsballett aus Berlin.

10. Leander

„Wir haben jetzt noch einen Jungen!", brüllt Nele uns schon entgegen, als Cons und ich die Ballettschule betreten. Er hat sich mit seiner Mutter darauf geeinigt, seinen Vater erst einzuweihen, wenn der von der Geschäftsreise nach Weihnachten zurück ist, weil er dann weniger gestresst ist.

„Wie, noch einen?" In Windeseile ziehe ich mich um und laufe hinter Nele in den Saal. Tatsächlich. Ein dunkelhaariger Junge steht an der Stange und wärmt sich auf.

„Das ist Leander. Er ist neu hierhergezogen und trainiert jetzt mit euch", stellt Lene ihn vor. „Und jetzt ab an die Stange!"

Wie immer beobachte ich Cons. Er wird immer besser. Ich weiß, dass er zu Hause regelmäßig übt. Aber er scheint wirklich ein echtes Naturtalent zu sein. Mal davon abgesehen, dass er die perfekten körperlichen Voraussetzungen hat. Gute Ausdrehung, schöne Füße ... Das hat nicht jeder.

Leander ist auch nicht schlecht. In seiner schwarzen Leggins sieht er aus wie ein richtiger Ballet-Boy. Und Zoé schmachtet ihn total an! Wie niedlich.

„Lene, können wir mal einen *Pas de deux* einstudieren?", fragt sie nach einigen Übungen in der Mitte des Saals.

„Kannst du nicht zählen? Wir sind sechs Mädchen und zwei Jungs. Also ich hätte schon ein Problem damit, dich hochzustemmen." Amalie kniet sich auf den Boden und bindet ihren Schuh neu.

„Keine Zickereien bitte", mahnt Lene. „Wir können gerne ein anderes Mal *Pas de deux* tanzen. Aber jetzt *Piqués* aus der Ecke. Emma und Cons fangen an!"
Während nacheinander jede Gruppe tanzt, fällt mir auf, wie leicht Leander die Drehungen fallen. Bestimmt tanzt er schon lange.
„Seit wann tanzt du?", fragt er mich beim Hinausgehen.
„Zehn Jahre", antworte ich.
„Wow." Leander nickt anerkennend. „Das sieht man."
„Danke." Ich glaube, ich bin rot geworden und bringe es nicht über die Lippen, ihn zu fragen, wie lange er schon dabei ist. Mist! Warum bin ich auf einmal so gehemmt? Nachher denkt der noch, ich sei in ihn verknallt.
Und wieso werde ich eigentlich immer rot, sobald mir jemand ein Kompliment macht?

„Wie war's?", fragt Mama, als sie Cons und mich vor der Tür einsammelt.
„Cool. Wir haben jetzt noch einen zweiten Jungen in der Gruppe. Leander", erkläre ich.
„Wie schön, dann bist du ja nicht mehr allein unter Mädels, Cons." Mama lächelt ihm durch den Rückspiegel zu.
„Mmh", macht Cons nur. Ich mustere ihn. Was hat er denn? Eben war doch noch alles normal.
„Kommst du noch ein bisschen mit zu uns?", will ich wissen, als wir in unsere Straße einbiegen.
„Nee, geht heut nicht", antwortet er knapp.

„Okay." Ich schaue wieder aus dem Fenster. Irgendwas stimmt nicht.
Beim Aussteigen verabschiedet er sich kurz und verschwindet im Haus. Ich gehe in mein Zimmer. Was ist mit Cons los?

Am nächsten Morgen in der Schule hat sich seine Laune immer noch nicht gebessert. Schweigend trotten wir nebeneinander in den Klassenraum. Es wird augenblicklich still. Ich unterdrücke ein Schmunzeln. Cons macht ein Gesicht, als würde er jeden Augenblick jemanden umbringen. Wahrscheinlich haben alle Angst vor ihm. Ich setze mich auf meinen Platz.
„Was ist denn mit dem los?", zischt Nina mir zu.
„Keine Ahnung, der ist schon seit gestern Abend so drauf", zische ich zurück. Eine Papierkugel trifft mich am Kopf.
„Einfach ignorieren", meint Nina. Ich schnippe die Kugel auf den Boden.
Übrigens hat Mama nach der Klassenfahrt das Gespräch mit Frau Berger gesucht. Das hat ungefähr nichts gebracht.
Frau Berger will Jeremy aber angeblich besonders im Auge behalten. Nur, wie will sie das anstellen, wenn er mich immer dann tyrannisiert, sobald kein Lehrer mehr in der Nähe ist?
Mama hat mir jedenfalls geraten, mir einfach nichts anmerken zu lassen, und da Tänzer auch gut im Rollenspiel sein müssen, versuche ich, es als Übung zu betrachten. Soll Jeremy mich doch mit Papierkugeln bewerfen, bis er grün wird!

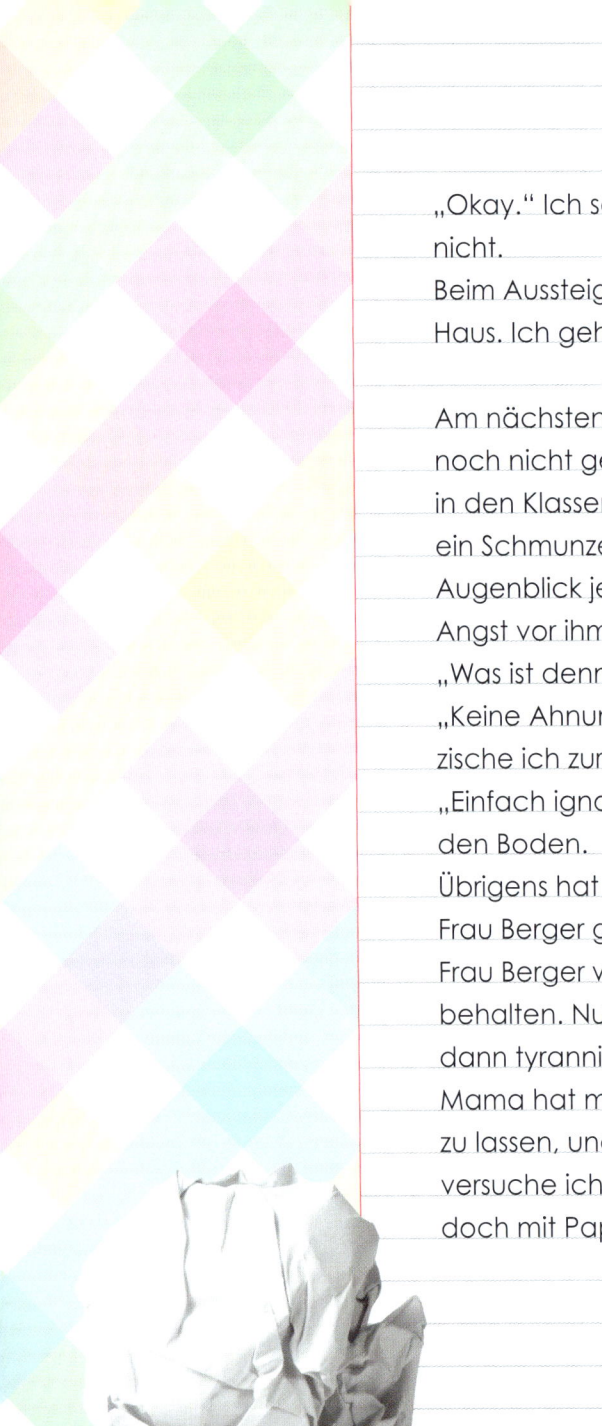

Am Nachmittag habe ich ausnahmsweise kein Training. Deswegen hocken wir in Ninas Zimmer und grübeln über Cons' merkwürdiges Verhalten nach.

„In der Pause war er auch ganz still. Und dieses grimmige Gesicht konnte einem echt Angst machen." Nina schüttelt sich.

„Ich habe keine Ahnung, was er hat. Wie gesagt, gestern vor dem Training war noch alles normal", erkläre ich zum gefühlt zehnten Mal.

„Vor dem Training?" Nina runzelt die Stirn. „War denn in der Stunde irgendwas Besonderes, was ihn vielleicht muffelig gemacht hat?"

„Nicht, dass ich wüsste." Ich zucke mit den Schultern. „Ach ja, wir haben jetzt einen neuen Jungen in der Gruppe."

„Aha!", brüllt Nina so laut, dass ich zusammenzucke. „Sieht der gut aus?"

„Joa, kann man schon sagen", überlege ich. Ich hab ihn ja erst einmal gesehen. Und da sah der schon ganz nett aus.

„Habt ihr euch unterhalten?", bohrt Nina weiter.

„Ähm ja, er wollte nur wissen, wie lang ich schon tanze, weil ich so gut …"

„Siehst du", unterbricht Nina in derselben Lautstärke, „da haben wir das Problem!"

„Äh, was?" Worauf will sie hinaus? Irgendwie kann ich ihr nicht ganz folgen.

„Na, er ist eifersüchtig." Nina grinst triumphierend.

„Eifersüchtig? Cons? Auf Leander?" Ich starre sie entgeistert an. Da hat er doch gar keinen Grund zu.

„Mensch, Emma! Der steht auf dich! Hab ich doch auf der Klassenfahrt schon festgestellt." Nina schlägt sich an die Stirn.
„Das ist doch Quatsch." Ich werde rot. „Er ist mein bester Freund. Wieso sollte er in mich verknallt sein?"
„Ist doch egal. Meine Schwester und ihr Freund waren auch erst nur beste Freunde." Nina nickt wichtig.
„Und was machen die, wenn sie sich trennen? Dann ist die ganze Freundschaft im Eimer, das kennt man doch aus Filmen." Ich verdrehe die Augen.
„Jetzt hör mir mal zu." Nina setzt sich gerade hin. Hilfe, ich komme mir vor wie in der Schule. „Erstens ist das in den meisten romantischen Filmen so, dass sich das Pärchen am Ende doch kriegt, heiratet und bis ans Lebensende zusammenbleibt."
„Lebensende? Deine Schwester ist siebzehn! Und Cons fünfzehn, ich dreizehn! Das ist total unrealistisch. Die wenigsten bleiben mit ihrem ersten Partner ewig zusammen. Sagt meine Mutter immer."

„Jetzt lass mich ausreden." Sie wirft mir einen mahnenden Blick zu. „Zweitens gibt es immer noch die Möglichkeit, dass sich das Paar im Guten trennt und wieder alles so ist wie vorher. Mal ehrlich, bei meiner Schwester und ihrem Freund hat sich nichts verändert, abgesehen davon, dass sie jetzt knutschen."
„Ich kann mir gar nicht vorstellen, mit Cons zu knutschen." Ich verziehe das Gesicht.
„Vielleicht jetzt ja noch nicht." Nina zieht eine Augenbraue hoch. „Erstmal müssen wir diese Eifersuchtssache in den Griff kriegen."

11. WER DARF zur Prüfung?

„Lene will uns heute sagen, wen sie zur Prüfung schickt", zischt Nele mir zu, als wir uns an der Stange aufwärmen.
„Das erklärt Amalies Killerblick." Ich grinse. Als ich den eben gesehen habe, wäre ich fast tot umgefallen. Wahrscheinlich sieht sie mich immer noch als Konkurrenz. Es ist inzwischen Anfang Februar und ich beherrsche die Prüfungsübungen im Schlaf.
„Wisst ihr, was das für eine Frau ist?", will Zoé wissen.
Nele und ich schütteln gleichzeitig die Köpfe.
„Die hat bei der Gruppe vor uns auch schon zugeguckt. Keine Ahnung, was die will", meint Nele.
„Beachtet mich gar nicht." Die Frau lächelt uns zu und vertieft sich in ihre Notizen. Notizen? Ob die Lene kontrolliert? In der Schule kommt auch manchmal die Direktorin und beobachtet die Lehrer bei der Arbeit. Aber eigentlich, glaube ich, nur bei Referendaren. Oder hat das etwas damit zu tun, wen Lene zur Prüfung schickt? Ganz egal, ich werde mich doppelt anstrengen. Schließlich bin ich richtig gut gelaunt. Jeremy hat heute in der Schule keinen Mucks von sich gegeben. Ob ihm doch endlich jemand den Kopf gewaschen hat?
Wie immer schaue ich immer mal wieder zu Cons hinüber. Unglaublich, wie gut er geworden ist! Er braucht inzwischen gar nicht mehr abzuschauen, hat alle Übungen im Kopf.
„Sehr schönes *Plié*, Emma", lobt Lene. Ich lächle. Heute ist ein guter Tag.

Wir schieben die Ballettstangen an die Seite und versammeln uns in der Mitte des Raumes.

„Ich wette, du darfst die Prüfung machen", meint Leander anerkennend. Und ich werde wieder rot. Schnell linse ich zu Cons. Der scheint nichts bemerkt zu haben. Puh! Ich möchte wirklich nicht, dass er wieder so komisch wird. Seit sein Vater nach Weihnachten die zweite Geschäftsreise macht, hat sich seine Laune wieder gebessert. Überhaupt schien ihm die Ablenkung in den Ferien ganz gut zu tun. Wir hatten nur ein paar Mal Tanztraining und ansonsten haben wir ziemlich viel gemeinsam mit Nina unternommen oder einfach nur Filme geguckt und gechillt.

„Du doch sicher auch." Ich grinse Leander an. Der lacht nur. „Ich bin doch erst seit ein paar Wochen dabei", meint er. Okay, das stimmt. Aber er ist fit, das muss man sagen.

„Emma, kannst du mir grad nochmal den Sprung erklären?" Plötzlich steht Cons neben mir.

„Ähm, ja, klar, natürlich", stammle ich. Ob er gesehen hat, wie ich mich mit Leander unterhalten habe? Und guckt er nicht eine Spur zu ernst? Hilfe!

Während der Sprungübung schreit auf einmal jemand auf. Wenig später liegt Zoé auf dem Boden und weint. Lene stoppt die Musik.

„Zoé, was ist passiert?", fragt sie besorgt und kniet sich neben sie.

„Mein Knie", schnieft Zoé. „Ich bin bei der Landung irgendwie weggeknickt."

„Kannst du auftreten?" Lene hält ihr stützend den Arm hin.
„Weiß nicht." Zoé versucht aufzustehen, aber sinkt direkt wieder auf den Boden. „Aua!"
„Amalie, hol ein Kühlpack. Ich rufe ihre Mutter an, sie soll mit ihr zum Arzt fahren." Lene verlässt den Raum.
„Bestimmt ist das nichts Schlimmes", versuchen wir in der Zwischenzeit, Zoé zu beruhigen.
„Und wenn doch? Dann kann ich die Prüfung nicht machen", schluchzt sie.
„Dann holst du sie eben nach. Guck mal, dann hast du viel mehr Zeit zum Trainieren und kriegst ein noch besseres Ergebnis", meint Nele.
„Und wenn ich nie wieder tanzen kann?" Zoé starrt ins Leere. „Ich will doch später Tanz studieren. Und Tänzerin werden."
„Dann empfehle ich Schwimmen." Amalie legt ihr ein Kühlkissen aufs Knie.
„Das war jetzt nicht sehr taktvoll!", schimpft Nele, als Zoé aufschluchzt.
„Ey, geht's noch?! Du spinnst wohl", fährt Leander Amalie an, die auf der Stelle knallrot anläuft. Dann wendet er sich wieder Zoé zu. „Eine aus meiner alten Ballettschule hat sich auch mal am Knie verletzt und die konnte danach noch die Hauptrolle einer Aufführung tanzen", erzählt Leander.
„Genau, schau dir das Mädchen in eurer Lieblingsserie an. Die packt das auch", ergänzt Cons. Ich lächle ihn an. Er ist ein Schatz. Oh mein Gott, hab ich das grad wirklich gedacht?

MEINE SCHLIMMSTEN VERLETZUNGEN

„Meint ihr?" Zoé wischt sich die Tränen weg.
„Klar. Du hast bestimmt nur komisch ausgedreht. Jetzt sind da wahrscheinlich ein paar Bänder überdehnt, aber das wird wieder." Leander zwinkert ihr aufmunternd zu.
„Deine Mutter holt dich ab." Lene setzt sich wieder zu uns.
„Hab ich falsch ausgedreht?", will Zoé wissen.
„Ich habe euch ja schon öfter gesagt, dass ihr gerade in Sachen Ausdrehung nichts forcieren dürft." Lene seufzt. „Die Ausdrehung muss von der Hüfte kommen und nicht aus den Knien. Einige können das von Natur aus sehr gut und andere eben nicht. Das ist aber überhaupt kein Problem, deswegen üben wir. Ich glaube eher, Zoé, dass du nach dem Sprung falsch gelandet bist."
„Oh." Zoé senkt betreten den Kopf.
„Das wird schon nichts Schlimmes sein", tröstet Lene.

Nach der Stunde bleiben wir alle noch im Raum. Schließlich will Lene doch noch sagen, wer die Prüfung machen darf.
„Emma, Amalie und Nele, ich denke, ihr drei seid bereit. Bei den anderen bin ich mir unsicher ... Ich glaube, für euch ist es besser, wenn ihr euch erst im nächsten Herbst anmeldet." Lene lächelt. „Leander, Cons, kann ich euch kurz alleine sprechen?"
Wir verlassen den Saal. In der Umkleide grinst Amalie überheblich. „Zoé hatte Glück. Dank ihrer Kniegeschichte ist ihr eine Enttäuschung erspart geblieben. Und dass sie Tänzerin werden will, kann ja nur ein Witz sein."

EMMAS TIPP:

AUSDREHUNG: BEIM PLIÉ IMMER DARAUF ACHTEN, DASS DIE KNIE ÜBER DEN FUSSPITZEN SIND!

„Du bist gemein. Wieso Enttäuschung? Es ist doch kein Verbrechen, die Prüfung ein halbes Jahr später zu machen." Ich runzle die Stirn. Die anderen Mädchen wirken zum Teil sogar erleichtert. Ich wünsche Zoé jedenfalls, dass sie so schnell wie möglich wieder auf die Beine kommt. Erst recht, seit ich weiß, dass sie den gleichen Traum hat wie ich.
„Genau, und wer behauptet, dass Zoé die nicht mit uns hätte machen können?" Nele verschränkt die Arme.
„Egal. So kann sie wenigstens nicht durchfallen. Mädels, wir sehen uns beim Zusatztraining." Amalie schultert ihre Tasche und geht.

„Was wollte Lene von euch?", frage ich, als Cons und ich wenig später auf dem Parkplatz auf meine Mutter warten.
„Ach, nur sagen, wie toll wir uns entwickelt haben und dass wir 'ne extra Jungsstunde kriegen. Damit ihr wieder mehr Spitze machen könnt", erklärt er knapp.
„Cool." Ich lächle.
„Emma?"
„Ja?"
„Noch zwei Wochen." Cons verzieht das Gesicht.
„Oh." Ich beiße mir auf die Lippe. „Und jetzt?"
„Keine Ahnung. Ich weiß immer noch nicht, wie ich ihm das sagen soll. Ich glaube zwar, dass er kurz vor seiner Abreise etwas geahnt hat, weil ich in den Ferien ja auch permanent weg war, aber das macht es nicht gerade leichter." Cons zuckt mit den Schultern.

„Am besten improvisierst du einfach. Das kannst du doch eh am besten." Ich schmunzle. Ich werde nie vergessen, wie Cons einmal einen kompletten Deutschaufsatz improvisiert hat, weil er vergessen hatte, den zu Hause vorzubereiten, und natürlich genau dann zum Vorlesen drangenommen wurde. Man stelle sich vor, Frau Berger hat nichts gemerkt.

„Ich hab Angst, dass ich ausraste. Dann geht mein Vater auch an die Decke und meine Mutter muss fast weinen. So war das, als ich sitzen geblieben bin."

„Stimmt." Ich nicke. Das war furchtbar. „Aber hey, uns fällt was ein. Sind ja noch zwei Wochen." Ich umarme ihn fest.

12. Cons' VATER

Natürlich ist uns nichts eingefallen. War ja klar.
„Was hat er denn?", fragt Nina besorgt, als wir im Unterricht sitzen. Cons ist schon den ganzen Tag total hibbelig und im nächsten Moment starrt er nur gedankenverloren in die Gegend.
„Sein Vater kommt heute zurück", erkläre ich.
„Oh. Mist." Nina macht ein betretenes Gesicht.
„Ja. Er fährt direkt nach der Schule mit seiner Mutter zum Flughafen."
„Dann können wir ihm ja wenigstens noch Glück wünschen. Hoffentlich wird es nicht allzu schlimm."
„Nina und Emma, könnt ihr bitte in der Pause weitererzählen?" Frau Berger schaut uns mahnend an.
Aus der letzten Reihe ertönt ein Kichern. Ich schmunzle. Blöd kichern, wenn mein Name fällt, ist momentan das Einzige, was ich von Jeremy mitbekomme. Bestimmt hat Frau Berger ein ernstes Wort mit ihm geredet oder es ist ihm zu langweilig geworden, mich zu ärgern, weil ich mich nicht mehr ärgern lasse.

„Viel Glück." Nina umarmt Cons nach der Schule. Seine Mutter wartet auf dem Parkplatz.
„Danke." Er lächelt schwach. Seinen Augenringen nach zu urteilen, hat er die halbe Nacht wach gelegen. Der Arme.
Ich bin so froh, dass meine Eltern meine Hobbys akzeptieren

und mich so sein lassen, wie ich bin.

„Ruf mich an, wenn es geschafft ist." Ich drücke ihn fest.

„Wenn ich dann noch lebe", spottet Cons und trabt zum Auto.

„Steh doch nicht immer im Weg, Ballerina." Jeremy stößt mich unsanft zur Seite und steigt ebenfalls in ein Auto. Nina und ich starren ihm nach.

„Ganz ehrlich, entweder plant der die Aktion des Jahres oder Frau Berger hat ihn sich zur Brust genommen", meint Nina.

„Egal, was es ist, ich bin ganz froh, meine Ruhe zu haben." Ich grinse.

„Träum weiter. Der gibt so leicht nicht auf. Am besten behalten wir ihn im Auge", schlägt Nina vor.

„Wenn ich nur wüsste, was er gegen mich hat", grüble ich. „Seit der Fünften geht der mir doch schon auf den Keks."

„Nur in der Fünften hat er dich nicht von Baumstämmen geschubst oder in Toiletten eingesperrt." Nina runzelt die Stirn. „Als Kleinste in der Klasse bist du natürlich ein leichtes Opfer für ihn. Du siehst gut aus, du bist ehrgeizig, erfolgreich. Manche können da wohl nicht mit umgehen."

„Das heißt, ich soll wachsen, in einem Kartoffelsack zur Schule kommen und nebenbei noch faul werden? Nicht dein Ernst!"

„Das meinte ich nicht. Ignorier ihn einfach weiter und bleib du selbst. Der hat das Problem, nicht du." Nina lächelt. „Und was die Zickereien von Sarah und so betrifft, die sind garantiert eifersüchtig, weil du immer mit Cons rumhängst."

Ich puffe sie in die Seite.

„Wir sind bloß Freunde", murmle ich.

Zu Hause gehe ich direkt in mein Zimmer. Cons weiß noch nicht, ob er heute mit zum Training kommt. Ich hoffe so sehr, dass sein Vater ihm doch erlaubt, weiter zu tanzen! Schließlich wird er auch früher oder später einsehen müssen, dass sein Sohn die Firma nicht übernehmen will. Und ein sportliches Hobby hat doch noch niemandem geschadet.

Es gab schon einmal ein mittelschweres Drama, als Cons mit dem Judo aufgehört hat und sich dann zum Geburtstag eine Playstation gewünscht hat. Ich glaube, sein Vater hatte Angst, dass er zum Nerd wird, der tagein tagaus nur vor dem Bildschirm hängt. Letztendlich hat Tom Cons dann angeboten, sich nach der Schule mit noch ein paar anderen Jungs aus der Nachbarschaft zum Fußballspielen zu treffen. Das hat seinen Vater offenbar überzeugt und Cons hat seine Playstation zum Geburtstag bekommen.

Und dieses blöde Argument, dass alle Tänzer schwul sind … Ganz ehrlich, das ist der größte Quatsch. Als würde das Tanzen die Männer schwul machen. Hallo? Klar, gibt es mehr homosexuelle Tänzer als Fußballer, aber trotzdem auch viele, die mit einer Frau zusammen sind beziehungsweise Familien haben. Da sollte Cons' Vater vielleicht mal ein bisschen googeln. Und überhaupt, was ist denn schlimm an Homosexualität? Ich verstehe den Mann nicht. Sollte nicht jeder machen dürfen, was er will?

Ich setze mich an meine Hausaufgaben. Training ist erst um 18 Uhr und ich habe noch einiges zu tun.

Gerade klappe ich das Mathebuch zu, da vibriert mein Handy.
Eine Nachricht von Cons.

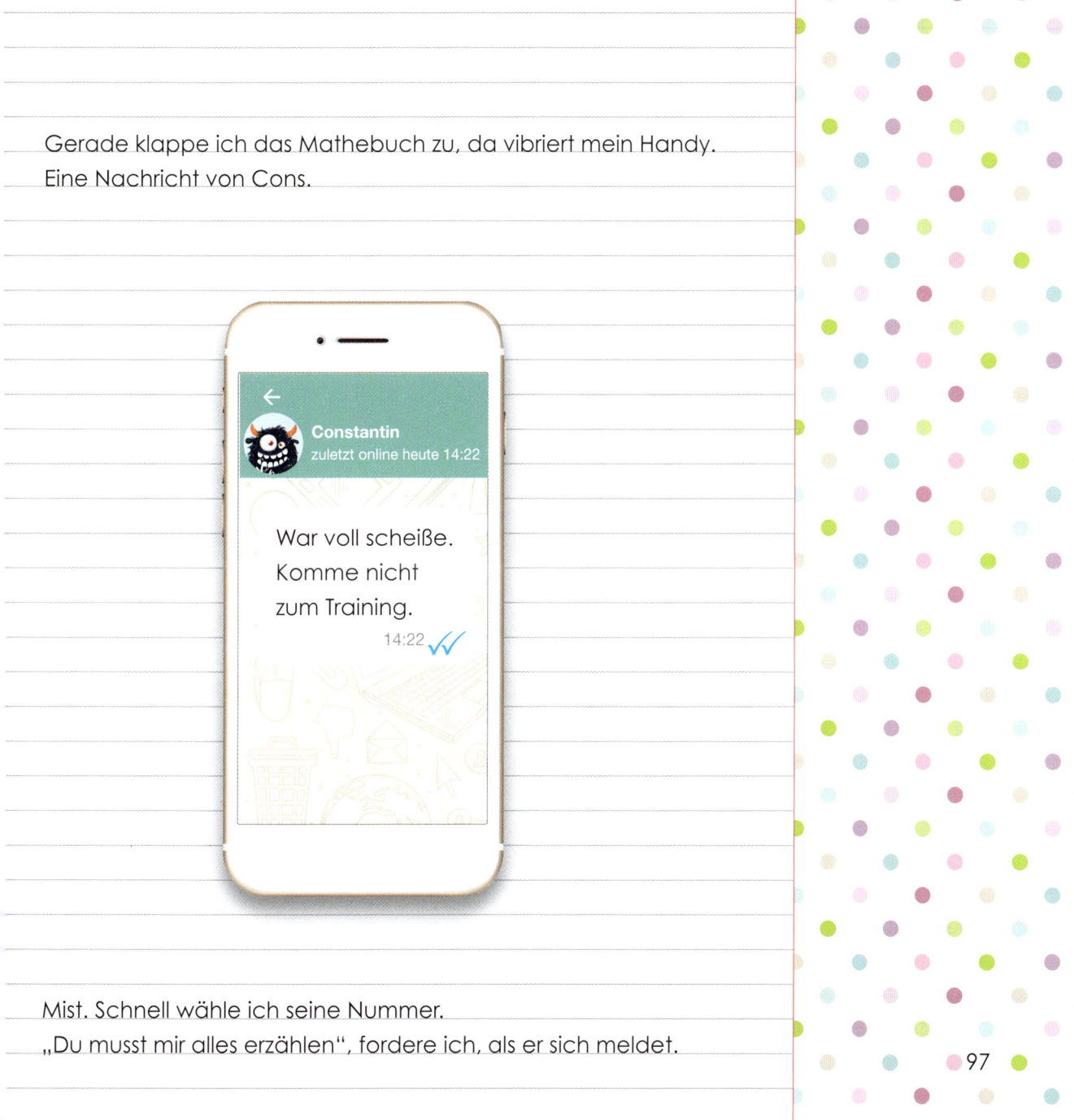

Mist. Schnell wähle ich seine Nummer.
„Du musst mir alles erzählen", fordere ich, als er sich meldet.

„Ja, was gibt's da schon zu erzählen", brummt Cons. „Mein Vater ist richtig sauer geworden, weil ich mich ihm widersetzt habe und er mir doch schon tausendmal gesagt hat, ich solle mich lieber auf die Schule konzentrieren, anstatt mir solche dummen Geschichten wie Ballettunterricht in den Kopf zu setzen. Dann meinte er, du hättest einen schlechten Einfluss auf mich, und ich soll mir gefälligst männliche Freunde suchen."
„Das hat er nicht gesagt!" Ich bin entsetzt. „Was hast du darauf geantwortet?"
„Dass er mir nicht vorschreiben soll, mit wem ich befreundet bin, und dass ich viel lieber mit dir rumhänge, als mit so manchen Typen aus meiner alten Klasse, die Schule schwänzen und stattdessen im Park rumängen! Außerdem hab ich immer noch die Fußballjungs und das mit dem Ballett ist meine eigene Idee, die kam ja nicht von dir."
„Und deine Mutter?"
„Die hat am Anfang noch ein bisschen mitdiskutiert, auf meiner Seite natürlich, und dann hat sie sich rausgehalten. Wenigstens hat sie nicht geweint."
„Und jetzt?", frage ich hilflos.
„Jetzt hab ich zwei Wochen Hausarrest. Total kindisch." Cons klingt immer noch wütend.
„Soll ich Lene davon erzählen?"
„Wenn du dich dann besser fühlst … Ich glaube aber nicht, dass das was bringt", meint Cons.

Natürlich wende ich mich direkt vor Beginn der Stunde an Lene.
„Emma, wo ist Cons?", fragt sie verwundert.
„Der hat ein kleines Problem – das heißt, wohl eher ein größeres." Ich erzähle ihr die ganze Geschichte.
„Das klingt gar nicht gut." Lene macht ein nachdenkliches Gesicht. „Ich werde mir mal Gedanken darüber machen, wie man seinen Vater überzeugen könnte. Es wäre so schade, wenn Cons wieder aufhören müsste. Er hat wirklich Talent. Danke, dass du mir das erzählt hast, Emma."
Ich lächle. Bestimmt findet Lene eine Lösung. Sie muss einfach!

Es gibt sehr viele Ballettschüler auf der Welt, die von einer professionellen Karriere träumen, aber zu wenig Kompanien. Um auf sich aufmerksam zu machen, Stipendien für Akademien zu gewinnen oder sogar Arbeitsverträge zu ergattern, bekommen internationale Ballettwettbewerbe eine immer größere Bedeutung. Zu den größten der Welt gehören der Youth America Grand Prix und der Prix de Lausanne. Die Schüler führen dort klassische und moderne Variationen vor, die dann von einer Jury bewertet werden.

13. Die Gruppe

In den nächsten zwei Wochen sehe ich Cons eigentlich nur in der Schule. Auch, als sein Hausarrest vorbei ist, hat er irgendwie nie Zeit. Nicht mal an den Wochenenden. Dabei jammert er die ganze Zeit, wie langweilig ihm sei und dass er den ganzen Tag vor seinem Fernseher sitze und irgendwelche Serien schaue, weil er sonst nichts zu tun habe. Außer Hausaufgaben natürlich.

„Sollen wir uns vielleicht heute mal treffen?", frage ich zaghaft in der Pause.

„Ich denke, du hast heute Training", antwortet er.

„Danach?"

„Weiß nicht. Muss noch Lateinhausaufgaben machen."

Und weg ist er. Was hat er nur?

„Bestimmt sitzt ihm noch der Schock mit seinem Vater in den Knochen", lautet Ninas Diagnose.

„Meinst du?"

„Klar. Stell dir mal vor, deine Eltern würden dir verbieten weiterzutanzen und Cons dürfte. Das tut weh", erklärt Nina.

„Aber wir sind doch schon Freunde, seit wir klein waren. Und schau mal, wie blass er ist. Und diese Augenringe. Bestimmt tut es ihm gut, mal drüber zu reden", meine ich. Wahrscheinlich kontrolliert sein Vater jetzt wieder seine Hausaufgaben und er muss die halbe Nacht lernen.

„Wie süß, dass du dir solche Sorgen um ihn machst." Nina grinst.

MEINE 5 Lieblingsbeschäftigungen bei Langeweile

„Du würdest dir auch Sorgen machen, wenn ich wie ein Gespenst durch die Schule geistern würde."
„Emma, es macht keinen Sinn, das weiter abzustreiten. Du bist in ihn verknallt, genau wie er in dich."
„Das ist doch Quatsch!"
„Wart's nur ab." Nina lächelt geheimnisvoll.
Ich verdrehe die Augen.

Beim Training bin ich nicht ganz bei der Sache. Obwohl wir Spitzentanz machen. Wie kann man Cons helfen?
„Emma, du kannst das besser", mahnt Lene nach der Übung.
„Ich weiß", murmle ich.
„Was ist denn los mit dir?", flüstert Nele mir zu.
„Nichts", zische ich zurück und konzentriere mich voll auf die Übung. Sonst knicke ich mir noch den Fuß um oder verdrehe mir das Knie. Oh nein, nicht wegen Cons' Vater!
„Schon besser." Lene lächelt. „Die Schuhe sind jetzt genau richtig für deine Füße."
Das freut mich. Ich habe sie zu Hause auch schön bearbeitet. Aber am besten kriegt man Spitzenschuhe immer noch weich, indem man in ihnen tanzt.

Zu Hause lasse ich mich auf mein Bett fallen. Ich fühle mich schon viel besser. Wie immer habe ich über das Tanzen all meine Probleme vergessen. Was heißt Probleme, eigentlich habe ich im Moment nur eins und das heißt Cons. Was ist, wenn er mir einfach nur sagt, er hätte keine Zeit, weil sein Vater ihm

> **EMMAS TIPP:**
>
> SPITZENSCHUHE EINTANZEN: UM SPITZENSCHUHE SCHNELL WEICH ZU BEKOMMEN, KANN MAN SIE IN EINE TÜR ODER SCHUBLADE KLEMMEN UND SO VORSICHTIG IN FORM BIEGEN. ABER NICHT ÜBERTREIBEN!

verboten hat, sich mit mir zu treffen? Andererseits ... Sein Vater hat ihm auch verboten zu tanzen und das hat er zwei Jahre lang heimlich getan.

Mein Handy klingelt. Es ist Nina.

„Hey, Em. Ich muss dir was erzählen!", kommt es atemlos vom anderen Ende der Leitung.

„Was ist denn?", frage ich verwundert. In dem Moment steckt meine Mutter den Kopf zur Tür rein. „Emma, du hast Besuch."

„Das glaubst du nie!", ruft Nina. Hilfe, ich bin überfordert! Kann Mama den Besuch nicht hochschicken? Ich stehe auf und gehe nach unten. Ich bin müde! Denkt da auch mal jemand dran?

„Warte mal, es hat geklingelt", vertröste ich Nina, als mir ein stinkwütender Cons entgegengestürmt kommt.

„Dass der Typ übertreibt, wussten wir schon, aber jetzt geht er definitiv zu weit!", ruft er aufgebracht.

„Äh, Cons, ich telefoniere." Ich zeige auf mein Handy in meiner Hand. Also wirklich, erst wochenlang vor sich hin muffeln und jetzt das Haus zusammenschreien. Ist das Benehmen?

„Mit wem?", fragt er.

„Nina."

„Gib her." Er nimmt mir das Handy aus der Hand.

„Hey, spinnst du?", versuche ich, mich zu wehren. Ohne Erfolg.

„Nina? Hier ist Cons. Willst du Emma zufällig das sagen, was ich ihr sagen will? Okay. Dann komm sofort her. Ja, zu Emma. Bis gleich." Er legt auf. Ich starre ihn entgeistert an. Hat er sie noch alle?

„Sind deine Eltern da?", will er wissen.

„Ähm, ja … im Wohnzimmer." Kann mich mal einer aufklären?

„Perfekt. Nina kommt bestimmt gleich." Er schiebt mich ins Wohnzimmer.

Wenig später klingelt es an der Tür. Nina kommt herein.

„Also, wir müssen dir was zeigen", verkündet Cons und zieht sein Handy aus der Hosentasche.

„Genau." Nina tippt auf ihrem Handy herum und hält es mir unter die Nase.

„Was ist das?", frage ich.

„Lies vor."

„Anti-Emma-Gruppe." Ich stocke. Anti-Emma-Gruppe?

 **ANTI-EMMA-GRUPPE**
Kathrin, Jeremy, Laura, Joël, Noël, Constantin …

Hört mir bloß mit dieser Zicke auf! Die hat auf Klassenfahrt immer das Bad blockiert, um zu kotzen. 13:15 ✓✓

Die Freunde von der tun mir leid 13:18 ✓✓

Die hat Freunde? Außer ihrem Ballettkram kann die doch eh nix :D

13:22

Merkt die gar nicht, dass keiner sie hier will?   13:23

Voll die Petze. Letztens hat die Berger bei uns wegen der angerufen. Meine Eltern waren voll sauer.   13:30

Was findet Cons nur an dieser Schlampe? Die ist viel zu unreif für den.   13:31

Haha stimmt, die ist voll der Zwerg :D :D

13:31

Eine Gemeinheit nach der anderen.

„Was für eine Gruppe?" Meine Eltern setzen sich zu uns aufs Sofa.

Ich fange an zu weinen. Nina legt mir den Arm um die Schultern.

„Eine Anti-Emma-Gruppe. Die hat einer aus unserer Klasse erstellt", erklärt Cons und macht eine Pause. „Jeremy", fügt er zögernd hinzu.

„Zeig mal." Papa nimmt ihm das Handy aus der Hand. Mit gerunzelter Stirn liest er die Nachrichten.

„Seit wann seid ihr in dieser Gruppe?", frage ich schluchzend.

„Ich seit eben", meint Nina. Cons nickt zustimmend.

„Und ihr seid nicht sofort rausgegangen?", will Mama wissen.

„Wir wollten es erst Emma zeigen", erklärt Cons. „Wahrscheinlich hat man uns zugefügt, weil wir uns auf der Klassenfahrt so gut mit den anderen in der Klasse verstanden haben."

„Hey, guckt mal." Nina hält mir wieder ihr Handy hin. „Es geht weiter."

ANTI-EMMA-GRUPPE
Kathrin, Jeremy, Laura, Joël, Noël, Constantin ...

Spinnt ihr eigentlich? Das meiste von dem Zeug stimmt doch eh nicht, was ihr da erzählt! Es reicht schon, dass ihr die in der Schule fertig macht. Dieses Internetzeug ist echt das Letzte!

13:45 ✓✓

Ey, woher soll die das mitkriegen? 13:46

Cons und Nina? 13:47

Welcher Idiot hat die zugefügt????? 13:47

Ich mach das nicht mehr mit. Wenn ihr nicht damit aufhört, sag ich das der Berger. 13:48

Mach doch :P 13:49

„Laura hat die Gruppe verlassen", liest Papa vor.
„Laura?", frage ich erstaunt. „Die Zickenlaura?"
„Es gibt nur eine Laura in unserer Klasse. Find ich cool, was die macht", sagt Cons.
„Auf jeden Fall sehr mutig", meint Mama. „Emma, wir müssen das deiner Lehrerin zeigen!"
„Ich mache Screenshots und geh dann da raus", schlägt Nina vor.
„Ja, ich auch." Cons nimmt Papa das Handy aus der Hand.
„Und ich hab echt gedacht, es sei vorbei." Ich putze mir die Nase.
„Ich glaube, jetzt geht's erst richtig los." Nina macht ein besorgtes Gesicht.

„Wenigstens haben wir Laura auf unserer Seite. Wenn die wirklich zu Frau Berger geht, hat die drei Zeugen. Das reicht, um Jeremy 'nen Denkzettel zu verpassen", sagt Cons entschlossen. „Es muss jetzt wirklich etwas unternommen werden. Das reicht schon, dass dieser Kerl das so lange durchziehen konnte. Ich ruf Frau Berger gleich mal an." Papa holt das Telefon.
Cons setzt sich zu mir und Nina.
„Danke, dass ihr mir das gezeigt habt", murmle ich.
„Dafür sind wir doch da." Cons umarmt mich fest. Ich kuschle mich an ihn. Egal, wie komisch er vorher war. Ich verzeihe ihm alles.

Schließlich müssen Nina und Cons wieder nach Hause. Ich gehe in mein Zimmer. Die Benachrichtigungslampe an meinem Handy blinkt. Eine Nachricht von Laura.

Laura
zuletzt online heute 19:45

Hey, Emma. Tut mir leid, dass ich in letzter Zeit manchmal sehr zickig zu dir war. Ich wollte dir nur sagen, dass Jeremy eine Hassgruppe gegen dich gegründet hat, wo gemeine Lügen über dich ausgetauscht werden. Cons und Nina sind da auch drin, also wirst du wahrscheinlich bald darüber Bescheid wissen. Ich gehe Montag zu Frau Berger und sage ihr alles. Ich mach das nicht mehr mit.

19:45 ✓✓

Unwillkürlich muss ich lächeln. Schnell mache ich einen Screenshot und schicke ihn Nina und Cons. Obwohl die ganze Klasse gegen mich ist – Laura hat sich auf meine Seite gestellt. Dafür bin ich ihr dankbar.

Ballettwissen

Berühmte Tänzerinnen von heute:
- Polina Semionova (* 13.09.1984) ist eine russische Ballerina. Sie wurde bereits mit 18 Jahren erste Solistin beim Staatsballett Berlin. Ihre Ausbildung absolvierte sie mit Auszeichnung an der Moskauer Bolshoi Ballet Academy.
- Svetlana Zakharova (* 10.06.1979) ist ebenfalls eine russische Ballerina. Sie gilt als eine der berühmtesten und am besten bezahltesten Tänzerinnen in der heutigen Zeit. Seit 2003 ist sie die erste Solistin im Bolschoi-Ballett.

14. Cons FLIPPT AUS

Nur noch 90 Minuten und der Tag ist geschafft. Erschöpft schleppe ich mich zur Sporthalle. Und heute ist erst Montag. Cons und ich haben gestern noch bis elf Uhr nachts meine Prüfungsübungen wiederholt und über seinen Vater nachgegrübelt. Cons hat nämlich beschlossen, die Meinung seines Vaters zu ignorieren. Irgendwie vergaßen wir dabei die Zeit. Und Jeremy war heute wieder besonders schlimm. Erst fing er mich am Tor ab und nahm mir mein Sportzeug weg. Und dann hat er jedes Mal angefangen zu lachen, wenn ich im Unterricht was gesagt habe. Ach ja, mein Sportzeug lag übrigens im Müllcontainer. Irgendwie habe ich schon geahnt, dass der das dort reinwirft. Mein Regenschirm lag da auch schon mal. Jeremy ist nicht sehr kreativ. Aber eins ist klar: Ich halte das nicht mehr aus. Wenige Minuten später sitze ich in der Sporthalle und warte darauf, in ein Fußballteam gewählt zu werden. Jeremy wählt. Und Finn. Ich weiß nicht, in welchem Team ich lande. Ist mir auch egal.
Am Schluss sitze natürlich nur noch ich da. War ja nicht anders zu erwarten.
„Die kann zu euch", verkündet Jeremy. Wie gnädig von ihm.
„Alter, nein, du warst dran!", brüllt Finn.
„Was soll ich denn mit der? Die kann doch eh nix!"
„Du warst aber mit Wählen dran. Los, Emma, du gehörst zu dem."

Zögerlich stehe ich auf und schleiche langsam zu Jeremys Team. Warum muss Herr Bender ausgerechnet jetzt im Lehrerkabuff ins Klassenbuch schreiben?

„Ich will die nicht im Team! Lieber spiel ich mit einem weniger!"

„Das ist voll asi!" Finn rümpft die Nase.

Inzwischen hab ich mich zu Jeremys Team gesellt. Die sehen alle nicht sonderlich begeistert aus.

„Verpiss dich, Ballettmaus! Niemand will dich hier!" Jeremy schubst mich zur Seite.

„Lass sie in Frieden!", faucht Laura. Sie steht tatsächlich auf meiner Seite. Heute Morgen war sie bei Frau Berger.

„Ach ja? Was willst du denn machen? Petzen?" Jeremy lacht höhnisch und schubst mich nochmal. Diesmal stolpere ich und falle hin. Und fange an zu heulen. Mist, das will ich eigentlich nicht vor allen.

„Nicht mal vernünftig laufen kannst du. Aber hey, wenn du langsamer fällst, hast du mehr davon." Jeremy verpasst mir einen Tritt gegens Schienbein.

Jetzt platzt Cons der Kragen. Er verpasst Jeremy eine Ohrfeige. Und was für eine!

„Boah!", staunt Nina, die sich inzwischen zu mir gesetzt hat.

„Geil! Prügel!", johlt Noël.

„Alter, bist du blöd?" Jeremy reibt sich die rote Wange und geht auf Cons los.

„Was ist denn hier los?" Herr Bender kommt reingestürmt und zerrt die Jungs auseinander. „Jeremy, Constantin? Könnt ihr mir erklären, wieso ihr euch wie Neandertaler aufführt?"

MEIN GRÖßTER
AUSRASTER

„Ihre Schuld." Jeremy zeigt auf mich.
„Was hat Emma damit zu tun? Und wieso weint sie?" Herr Bender durchbohrt ihn mit einem drohenden Blick.
„Die hat mich provoziert, Mann!"
„Na klar! Ist doch immer alles Emmas Schuld! Dabei bist du doch der, der sie fertigmacht!", brüllt Cons ihn an.
„Weil sie es nicht anders verdient hat!"
„Das ist doch totaler Quatsch!"
„Jungs, jetzt hört sofort auf damit! Ich will jetzt wissen, wer angefangen hat."
„Der hat mich geschlagen!", klagt Jeremy.
„Weil er Emma auf den Boden geschubst und getreten hat!", ergänzt Cons.
„Ich bin enttäuscht von euch. Gerade von dir, Constantin, hätte ich etwas mehr Reife erwartet. Ich bringe euch jetzt zur Direktorin, die kümmert sich um euch. Emma, du kommst am besten gleich mit. Der Rest spielt Fußball und verhält sich ruhig. Ich sage dem Lehrer in der anderen Halle Bescheid. Der soll ein Auge auf euch haben."
Dann werden wir abgeführt. Anders kann man das nicht nennen. Jeremy links, Cons rechts von Herrn Bender, ich trotte hinter ihnen her.

Was bei der Direktorin so abgeht, brauche ich, glaube ich, nicht weiter zu erklären. Ich fasse es kurz zusammen: Cons bekommt eine fette Verwarnung und einen Brief an die Eltern, rastet aus und platzt mit der ganzen Wahrheit raus. Jeremy schiebt mir die

Schuld in die Schuhe, ich fange wieder an zu weinen. Jeremy kriegt die gleiche Strafe wie Cons und beide werden von ihren Müttern abgeholt. Ich muss dableiben und nochmal alles aus meiner Sicht erzählen.
Die Direktorin schreibt alles mit.
„Und was passiert jetzt?", frage ich zaghaft.
„Ich spreche mit eurer Klassenlehrerin. Angeblich gibt es da noch mehr Hinweise auf eine Mobbinggeschichte. Jeremy wird zusätzlich im Auge behalten. Danach sehen wir weiter."
Das war's? So glimpflich kommt der davon? Angeblich wird er doch schon seit Wochen im Auge behalten. Verstehen die nicht, dass er hinter dem Rücken der Erwachsenen mobbt?
„Es soll einfach aufhören", murmle ich.
„Wir schauen, was wir tun können."
Ich kann gehen. Die Direktorin hat mich für den Rest des Tages freigestellt.

Mama macht sich natürlich Riesensorgen.
„Emma, was ist passiert?" Sie verfrachtet mich in einen Sessel und versorgt mich mit Kakao und Schokokeksen.
Ich erzähle nochmal alles. Mama schüttelt fassungslos den Kopf. Sofort will sie die Schulleitung anrufen. Ich kann sie nur mit Mühe davon abhalten. Ich will wirklich nicht noch ein Gespräch.
„Was unternimmt die Schule deswegen? Allmählich müssten doch genug Beweise vorliegen, dass dieser Junge es auf dich abgesehen hat", schimpft Mama.

„Keine Ahnung." Ich weiß es wirklich nicht. Das sind doch angeblich Pädagogen. Warum durchschauen die Jeremy nicht?
„Bleib stark, Emma", macht Mama mir Mut. „Du machst alles richtig. Jeremys Verhalten ist völlig inakzeptabel. Ignoriere ihn so gut du kannst. Du bist ein kluges, tolles Mädchen."
Ich fühle mich schon besser. Mama beruhigt sich und beschließt, der Schule noch eine letzte Chance zu geben.
Ich gehe in mein Zimmer und rufe Cons an.
„Wie war's?", will ich wissen.
„Nicht so toll. Meine Mutter hat direkt meinen Vater von der Arbeit geholt und der hat mich richtig angeschrien. Jetzt hab ich wieder Hausarrest. Und eigentlich darf ich auch nicht mehr mit dir reden."
„WAS?" Das ist ja wohl das Allerletzte!
„Ja. Er meint immer noch, du hättest einen schlechten Einfluss auf mich. Erst mit dem Tanzen und dann wegen der Schlägerei. Der kapiert es einfach nicht." Cons seufzt.
„Wie mies ist das denn?" Ich bin fassungslos. Dabei hab ich doch nichts damit zu tun, dass Cons tanzt. Er wollte von sich aus, dass ich ihm alles beibringe und ihn mit zum Training nehme.
„Kannst du ihn echt nicht umstimmen? Ich meine, an der Schlägerei warst du ja nicht schuld."
„Die Schule hat nur geschrieben, ich sei auf Jeremy losgegangen. Dass das nur zu deiner Verteidigung war, hat meinen Vater nicht interessiert. Außerdem hätte ich nie so ausrasten dürfen."
Cons klingt ziemlich verzweifelt.
Er hat recht. Aber irgendwie auch wieder nicht. Blöde Situation.

Wir überlegen noch eine ganze Weile weiter, wie wir seinen Vater irgendwie umstimmen könnten, aber uns fällt einfach nichts ein.

Als wir aufgelegt haben, rolle ich mich auf meinem Bett zusammen. Die ganze Geschichte nervt. Warum geht zurzeit alles schief?

Ich kann keinen Tag mehr zur Schule gehen, ohne von Jeremy und seinen blöden Freunden tyrannisiert zu werden. Cons bekommt sein Lieblingshobby gestrichen und ich bin auch noch schuld.

Ich vergrabe meinen Kopf unter dem Kissen. Wann hört das alles endlich auf?

Ballettwissen

Viele Ballettkompanien führen eigene Choreografien auf, allerdings konzentrieren sich einige auch noch auf die sogenannten Handlungsballette. Hierbei wird zu einer Geschichte getanzt, es gibt ein Bühnenbild, Kostüme und Requisiten. Zu den berühmtesten gehören der *Nussknacker* und *Schwanensee* zur Musik von Tschaikowski, aber auch *Romeo und Julia*, *Giselle*, *Dornröschen* oder *Don Quixotte* sind oft im Programm der Theater vertreten.

15. Endspurt

„Nele, Bein strecken! Amalie, Ausdruck! Emma, du kannst den Fuß noch mehr strecken!"
Schweißüberströmt folgen wir Lenes Anweisungen. In zwei Wochen ist bereits die Prüfung und langsam bin ich mit den Nerven am Ende. Es liegt nicht am vielen Training. Im Gegenteil, ich glaube sogar, dass ich das tägliche Training inklusive Wochenenden und Extraeinheiten in den Ferien vermissen werde. Jeremy ist das Problem. Die Schule hat den Fall untersucht und er hat eine fette Verwarnung bekommen, die dazu führt, dass er sofort von der Schule fliegt, wenn er noch einmal etwas anstellt. Trotzdem kriege ich immer noch täglich blöde Kommentare zu hören. Ich wette, die Hassgruppe existiert noch. Aber Laura hat sich auf meine Seite gestellt. Das finde ich echt cool von ihr. Und mutig. Immerhin riskiert sie, dass jetzt auch über sie gelästert wird. Jedenfalls hängt sie neuerdings immer mit uns herum. Und wir verstehen uns echt gut. Nina und ich haben sie sogar mit dem Tanzserien-Virus angesteckt.
Das zweite Problem ist Cons. Ich hab keine Ahnung, was mit ihm los ist. Immer wenn ich ihn frage, ob wir uns treffen sollen, hat er plötzlich keine Zeit. Mag ja sein, dass er während der Woche keine Zeit hat, weil er da Hausaufgaben machen oder lernen muss, aber was ist mit den Wochenenden? Da fand sich normalerweise immer mindestens ein Stündchen, in dem man sich treffen konnte. Ninas Theorie ist, dass er sich in mich verknallt hat

und jetzt unsere Freundschaft nicht gefährden will. Was in ihren Augen totaler Quatsch ist, weil ich angeblich auch in ihn verliebt bin.
Ich glaube eher, dass sein Vater der Grund ist. In der Schule ist Cons nämlich immer ganz normal. Er ist zwar oft müde, aber welcher Schüler ist das nicht? Warum behauptet sein Vater, ich hätte einen schlechten Einfluss auf ihn? Das ist so unfair!

Nach den Stangenübungen machen wir eine Trinkpause.
„Ich hab gestern mit Zoé geschrieben", erzählt Nele.
„Cool, wie geht's ihr?", will ich wissen. Eigentlich wollte ich mich auch mal bei ihr melden, habe es aber vor lauter Jeremy und Cons total vergessen.
„Sie hat jetzt eine Schiene, aber es heilt wohl gut." Nele lächelt.
„Wann kann sie wieder tanzen?", fragt Amalie.
„Das wusste sie noch nicht genau. Dauert aber wohl noch was", meint Nele.
„Das kann ich mir vorstellen. So Kniegeschichten sind nicht lustig." Lene kommt wieder in den Raum und hat wohl den letzten Teil des Gesprächs mitgehört.
„Wie geht's denn Cons?", fragt Nele.
„Ganz gut. Er tut ziemlich viel für die Schule", erkläre ich knapp. Außer Lene kennt niemand den wahren Grund, warum er nicht mehr kommt.
„Das ist so schade, dass er wieder aufgehört hat. Mit zwei Jungs kann man viel besser *Pas de deux* tanzen." Nele macht ein enttäuschtes Gesicht.

„Sind trotzdem noch zu wenig. Das würde nur Streit geben, weil ja dann jeder mit einem Jungen tanzen will. Und da Emma Cons kriegen würde und Leander eine von uns, würden wir vor lauter Streit und Zickereien nicht mehr zum Tanzen kommen." Amalie stellt ihre Trinkflasche ab und geht in die Mitte. Nele und ich schauen uns ungläubig an. Vor lauter Zickereien nicht mehr tanzen? Das sind aber keine amalietypischen Aussagen. Eigentlich hatten wir uns gerade so kurz vor der Prüfung auf Konkurrenzkampf und Sticheleien ihrerseits eingestellt. Aber mir ist neulich schon aufgefallen, dass sie sich, seit Leander sie nach Zoés Sturz so angefahren hat, verändert hat. Wird sie etwa doch noch einigermaßen umgänglich? Hat sie sich in Leander verknallt und will ihm jetzt gefallen?

Schließlich üben wir unsere *Variation*. Es gibt zwei kurze Tänze zur Auswahl. Einen ziemlich klassischen und einen etwas moderneren. Amalie und Nele sollen beide den klassischen tanzen. Bei mir ist Lene noch unsicher. Obwohl ich vorher noch nie *Modern Dance* gemacht habe, scheint er mir zu liegen. Letztendlich entscheidet Lene, welchen Tanz wir in der Prüfung präsentieren, um eine möglichst hohe Punktzahl zu erreichen. Na ja, ich kann beide Tänze, also ist es nicht schlimm, wenn sie sich jetzt noch zehnmal hin und her entscheidet.
„Emma, zeig mir bitte nochmal die klassische *Variation*", bittet Lene.
Aber gerne doch.
Als ich fertig bin, macht sie ein skeptisches Gesicht.

> **VARIATION:**
>
> VARIATIONEN SIND EINZELNE SOLOSTÜCKE AUS EINEM BALLETT. DIESE VARIATIONEN KÖNNEN VON BALLETTSCHÜLERN BEI WETTBEWERBEN ODER KLEINEN AUFTRITTEN AUFGEFÜHRT WERDEN, DA SIE AUCH UNABHÄNGIG VOM REST DER BALLETTHANDLUNG GETANZT WERDEN KÖNNEN. BERÜHMTE VARIATIONEN SIND DER „SCHWARZE SCHWAN" AUS SCHWANENSEE, DAS KITRI-SOLO AUS DON QUIXOTTE UND DIE AURORA-VARIATION AUS DORNRÖSCHEN.

„Ich glaube ehrlich gesagt, dass der moderne Tanz fast schon besser für dich ist. Du setzt deinen Körper wunderbar selbstbewusst ein und bringst die Choreografie perfekt zum Ausdruck", meint sie. „Am besten tanzt du den hiernach noch einmal und dann entscheide ich endgültig. Jetzt ist erstmal Amalie dran." Während Amalie und Nele ihre *Variation* üben, denke ich weiter nach. Ich weiß auch nicht, warum mich das mit Cons so fertig macht. Klar hatten wir manchmal unterschiedliche Interessen und verschiedene Freundeskreise. Aber nie hat sich einer vom anderen so abgekapselt. Ich habe sogar schon überlegt, einfach mal zu ihm zu gehen. Aber da ist auch die Angst, dass sein Vater mich nicht zu ihm lässt. Andererseits ... Wieso sollte ich Cons keinen Besuch abstatten? Er hat in dieser Jeremy-Geschichte schon so viel für mich getan, da muss ich doch auch mal was für ihn tun. Und wenn er mich nicht sehen will? Daran hatte ich noch gar nicht gedacht. Vielleicht bedeutet ihm unsere Freundschaft gar nicht so viel. Oder ich gehe ihm auf die Nerven. Klammere ich? Ist er vielleicht in eins von den Mädchen aus unserer Klasse verknallt und ich stehe ihm da nur im Weg?

„Emma, jetzt tanz bitte die moderne *Variation*", reißt Lene mich aus meinen Gedanken. Gut. Ablenkung kann ich jetzt gebrauchen. Und was hilft da besser als tanzen? Dieser moderne Tanz ist echt schön. Ich gebe alles. Am Ende bin ich außer Atem. „Sehr schön. Was denkt ihr?" Lene schaut Nele und Amalie fragend an.

„Modern", antwortet Nele wie aus der Pistole geschossen.
Amalie nickt zustimmend.
„Das sehe ich auch so." Lene lächelt. „Ist das für dich okay, Emma?"
„Klar." Wieso sollte das nicht okay sein? Ich liebe beide Tänze.

„Boah, Emma, woran hast du während des Tanzes gedacht? Du hast teilweise echt aggressiv ausgesehen!", staunt Nele, als wir wenig später in der Umkleide sitzen.
„An nix Besonderes." Wenn ich sage, dass ich hauptsächlich an Cons gedacht habe, bekomme ich nur wieder Kommentare zu hören. Nein, danke!
„Seid ihr schon aufgeregt?", will Amalie wissen.
Ich schüttle den Kopf. Aufregung ist bei mir so eine Sache. Meistens kommt sie erst kurz vorher.
„Ich ein bisschen", gibt Nele zu. „Ist das eigentlich schlimm?"
„Meine Mutter sagt immer, wenn man aufgeregt ist, strengt man sich mehr an", erkläre ich.
„Gut zu wissen." Nele lacht.

Nachdem ich zu Hause geduscht habe, stapfe ich zu Cons rüber. Es ist Samstag, da müsste er zu Hause sein. Ich klingle.
„Hallo, Emma." Sein Vater steht mir gegenüber.
„Ähm, hallo", stammle ich.
„Kann ich dir weiterhelfen?" Cons' Vater sieht ein bisschen ungeduldig aus. Oder bilde ich mir das ein?
„Ist Cons da?"

„Nein, der ist eben mit seiner Mutter in die Stadt gefahren. Soll ich ihm etwas ausrichten?"
„Nur, dass ich da war."
„Alles klar. Tschüss." Schon dreht er sich um und schließt die Tür.
„Tschüss." Schnell gehe ich wieder zu mir rüber. Ob Cons sich bei mir meldet, wenn er wieder da ist? Wird er es überhaupt erfahren, dass ich ihn besuchen wollte?

Ballettwissen

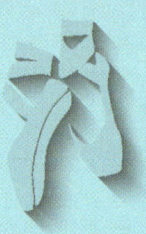

Neben dem klassischen Ballett gibt es auch noch den zeitgenössischen Tanz oder Contemporary Dance. Dieses Genre entwickelte sich im 20. Jahrhundert und wird bestimmt durch freie Bewegungen aus dem Gefühl heraus. Typisch sind Bodenelemente und das Spiel von Spannung und Entspannung. Zu den wichtigsten Begründerinnen gehören Martha Graham und Isadora Duncan.

16. PRÜFUNG MIT *Überraschung*

„Aaargs, ich raste aus!", lese ich am Prüfungsmorgen. Nele hat mir in aller Herrgottsfrühe schon eine Nachricht geschickt. Ich vergrabe meinen Kopf im Kissen. Ich wollte ausgeschlafen zur Prüfung erscheinen. Egal. Jetzt bin ich einmal wach. Echt gut, dass die Prüfung morgens ist. Da muss ich nicht in die Schule. Problemlos wurde ich für den Tag beurlaubt. Ich schaue auf die Uhr. Oh, so früh ist es gar nicht. Mein Wecker klingelt in fünf Minuten. Ich schalte ihn ab und stehe auf. Trikot und Strumpfhose habe ich gestern Abend rausgelegt. Ich ziehe mich blitzschnell an und gehe in die Küche. Tom sitzt schon am Tisch und schmiert sich ein Brot. „Aufgeregt?" Er grinst. Ich schüttle den Kopf. Ich bin nicht aufgeregt. Lene hat gesagt, sie hat keine Bedenken. Also brauche ich mich auch nicht zu sorgen.

Pünktlich um halb acht machen Mama und ich uns auf den Weg. Wir sollen zwei Stunden vor der Prüfung schon in dem Theater sein, in dem alles stattfindet, und der Weg dorthin dauert noch ziemlich lang. Inklusive Stau. Ich schaue auf mein Handy. Keine Nachricht von Cons. Dabei wollte er mir doch noch viel Glück wünschen. Ich gebe zu, ich bin enttäuscht. Erst distanziert er sich von mir und dann wünscht er mir nicht mal Glück. Nicht, dass ich davon abhängig wäre, aber macht man das nicht so?

WAS SIND *Softpointes?*

Softpointes sind eine Art Mischung aus normalen Ballettschläppchen und Spitzenschuhen. Sie dienen zur Stärkung der Füße und sind nicht für Spitzentanz geeignet. Außerdem gehören sie zur Prüfungskleidung der Royal Academy of Dance.

Verschiedene Schuhtypen

Ballettschläppchen:

Softpointes:

Spitzenschuhe:

Dann sind wir endlich da.

„Die Prüferin ist noch nicht angekommen, also können wir schon mal in den Raum!" Nele stürzt mir entgegen.

„Echt?" Ich lasse meine Tasche und meine Jacke in der Umkleide fallen, schnappe mir meine Softpointes, die ich extra für die Prüfung kaufen musste, und laufe Nele hinterher. Die Jogginghose kann ich auch später ausziehen.

„Hey, Em."

Ich bleibe wie angewurzelt stehen. Cons steht in kompletter Ballettmontur im Saal und grinst mich frech an.

„Wa-was machst du denn hier?", stammle ich entgeistert. Sollte er nicht längst in der Schule sitzen? Im Matheunterricht?

„Prüfung."

„A-aber dein Vater …" Ich verstehe gar nichts mehr.

„Der sitzt in der Cafeteria und trinkt Kaffee. Überraschung gelungen?" Cons grinst noch breiter.

Ich nicke stumm.

„Aber wann hast du denn geübt?", will Nele wissen. „Du warst doch ewig nicht beim Training."

„An den Wochenenden. Gemeinsam mit Leander. Und zu Hause. Wir Jungs haben ja zum Teil ein anderes Programm."

„Was hast du deinen Eltern erzählt?" Ich finde langsam meine Sprache wieder.

„Na ja, Mama hat mich immer heimlich zum Training gefahren und heute Morgen wurde ich plötzlich von meinem Vater aus dem Bett geworfen und hierher kutschiert. Ich weiß auch nicht,

---

DIE PRÜFUNGSLEVEL:

EMMA NIMMT AN DEN VOCATIONAL-PRÜFUNGEN DER RAD TEIL. DIESE SIND IN SECHS STUFEN UNTERTEILT:
- INTERMEDIATE-FOUNDATION
- INTERMEDIATE
- ADVANCED-FOUNDATION
- ADVANCED 1
- ADVANCED 2
- SOLO SEAL AWARD

WANN WAR ICH MAL SO RICHTIG *aufgeregt?*

was plötzlich mit dem nicht stimmt. Vielleicht hat meine Mutter ihn irgendwie hypnotisiert oder so." Cons lacht.
"Wie cool!" Ich falle ihm um den Hals. Ich freue mich so für ihn. Endlich kann er das machen, was er immer wollte.
"Aber macht ihr auch *Intermediate?*" Nele mustert ihn ungläubig.
"Nein, *Foundation*. Lene meint, wir sollten erstmal das niedrigere Level versuchen. Aber egal. Ich mache eine Ballettprüfung!" Er wirbelt mich einmal im Kreis.
"Passt auf, dass sich keiner verletzt." Leander betritt den Raum. Nele kichert und wird rot. Jungs im Ballettoutfit haben auf sie eine besondere Wirkung, wie sie sagt. Amalie schaut auch schnell woanders hin. Trotzdem sieht man, dass auch sie rot geworden ist. Wobei ich ehrlich zugeben muss, dass Cons viel besser aussieht als Leander. Der schwarze Einteiler steht ihm unglaublich gut, während Leander darin schon fast zu muskulös aussieht.
"Können wir nochmal die eine *Pirouette* üben?", reißt Amalie mich aus meinen Gedanken.
"Ja klar." Schnell stelle ich mich auf. Diese Überraschung muss ich erstmal verdauen. Gut, dass meine Prüfung erst in zwei Stunden ist.
Der Raum ist viel größer als unser normaler Trainingsraum. Wir gehen die einzelnen Wege durch und üben die *Pirouetten*. Schließlich werden wir hinausgeworfen. Die Prüferin ist eingetroffen. Es wird viel Wind um sie gemacht. Früher war sie selbst Primaballerina. Sie spricht englisch, wirkt sehr elegant und

kommt frisch aus Kanada. Cons und Leander sollen sich als Erste aufstellen. Ich drücke Cons ganz fest.
„Viel Glück", flüstere ich ihm ins Ohr. Er zwinkert mir zu und verschwindet im Raum. Nele und ich gehen in die Umkleide.
„Wusstest du das?", frage ich sie.
„Nö. Leander hatte ich irgendwie schon im Verdacht, aber Cons? Dass Lene das so gut geheim gehalten hat …"
„Cons hat mich drum gebeten." Lene setzt sich zu uns. „Er wollte Emma überraschen."
„Echt? Wie süß!", schwärmt Nele.
Ich werde rot. Aber insgeheim bin ich so froh. Meine ganzen Sorgen waren umsonst. Er war nicht eifersüchtig oder wurde von Jeremy beeinflusst. Er hatte einfach keine Zeit für mich. Weil er für die erste Ballettprüfung seines Lebens trainiert hat. Das kann ich als Entschuldigung akzeptieren.
Plötzlich klatscht Lene in die Hände.
„Ihr seid ja nicht mal frisiert!", ruft sie erschrocken. Dann zitiert sie meine Mutter her und verfrachtet uns vor einen Spiegel. Ich brauche immer ganz viele Klammern und gefühlt die halbe Flasche Haarspray. Meine Haare halten sonst nicht. Dafür kommt bei der Länge ein schöner Ballettdutt zustande. Aber wenn der nach zwei Sprüngen wieder auseinanderfällt, nützt das ja nichts.

Wenig später sind Nele, Amalie und ich frisiert und wärmen uns weiter auf.
„Bist du gar nicht aufgeregt, Emma?", will Nele wissen.

ANLEITUNG:

Der perfekte Ballettdutt

Schritt 1: Etwa mittig vom Hinterkopf oder etwas höher einen strengen Pferdeschwanz binden.

Schritt 2: Den Zopf zu einem Strang verdrehen.

Schritt 3: Den Strang schneckenförmig um das Zopfgummi wickeln und mit Haarnadeln feststecken.

Und fertig!

Emmas Tipp für Prüfungen:
Damit der Dutt ordentlicher aussieht, die herausstehenden Haare mit Haarspray oder Haargel fixieren. Zusätzlich kann man noch ein Haarnetz über den Dutt stülpen.

Emmas Tipp fürs Training:
Wem der einfache Dutt zu langweilig aussieht, kann ihn noch mit Blumen-haarspangen oder -haargummis verzieren.

„Doch, ein bisschen. Aber wir sind doch super vorbereitet. Eigentlich kann nichts schiefgehen." Ich lächle.
„Hoffentlich läuft es da drinnen auch gut." Amalie schaut zur Tür des Prüfungsraums.
„Ach, wenn Lene die so gezwiebelt hat wie uns, ist das kein Problem", meint Nele.
„Bei Leander sicher nicht. Aber glaubt ihr, Cons hat nach knapp vier Monaten Training das komplette Prüfungsprogramm drauf?" Amalie runzelt die Stirn.
„Emma hat ihm doch immer Privatunterricht gegeben." Nele kichert. „Wie lange habt ihr das eigentlich durchgezogen?"
„Zwei Jahre bestimmt." Ich grinse.
Ich kann eigentlich stolz auf mich sein. Immerhin hab ich ihn so trainiert, dass er jetzt eine anerkannte Prüfung machen kann. Hoffentlich schafft er es!

Schließlich geht die Tür auf und Cons und Leander verlassen nassgeschwitzt den Prüfungsraum.
„Wie war's?", frage ich direkt.
„Ein Traum." Cons lässt sich auf einen Stuhl fallen. Leander nickt bekräftigend.
„Super, ihr könnt mir das gleich genauer berichten. Jetzt aber, Mädels, Aufstellung!" Lene scheucht uns zur Tür und sortiert uns nach Nummern. Ich bin die Kleinste von uns, deswegen hab ich die Nummer eins. Mit Sicherheitsnadeln hat Lene uns die auf ein viereckiges Stofflappen gedruckte Nummer vorne und hinten ans Trikot geheftet.

Ich atme einmal durch und dann müssen wir in den Raum. Wir begrüßen die Prüferin und die Pianistin mit einem Knicks, wie wir es mit Lene einstudiert haben. Dann stellen wir uns an der Stange auf.

Von da an geht alles blitzschnell. Die Stangenübungen laufen wie in einem Trancezustand an mir vorbei. Schon stehen wir in der Mitte. Manche Sequenzen sollen wir alle zusammen machen, andere in zwei Gruppen und einige alleine, zum Beispiel eine Übung mit Pirouetten: *Pirouettes en dedans*.

Ich fange an. Es läuft reibungslos. Nele nickt mir nach der Übung anerkennend zu. Dann ist Amalie an der Reihe. Sie konnte die Übung von uns dreien immer am besten, finde ich. Aber jetzt scheint sie vor Aufregung die komplette Übung vergessen zu haben. Keine *Pirouette* steht sie sauber. Und bei den *Piqués* am Ende wackelt sie sichtbar und dreht sogar eins zu viel. Nach der Übung ist sie leichenblass und sieht aus, als sei sie den Tränen nah. Am liebsten würde ich sie in den Arm nehmen. Aber wir dürfen nicht reden.

Schließlich sollen wir unsere *Variation* vorführen. Ich bin die Erste. Ich liebe diesen Tanz. Hab ich das schon mal gesagt? Es läuft super. Bei Amalie nicht. Einmal stürzt sie sogar fast. Hoffentlich klappt der Spitzentanz bei ihr besser …

Dann ist es vorbei.

„Oh Mann!", stöhnt Nele. „Mir tut alles weh."

Amalie fängt direkt an zu weinen.

DER UNTERSCHIED ZWISCHEN PIROUETTES EN DEHORS UND PIROUETTES EN DEDANS:

BEI EINER **PIROUETTE EN DEHORS** DREHT MAN SICH IN DIE ENTGEGENGESETZTE RICHTUNG VOM STANDBEIN. STEHT MAN ZUM BEISPIEL AUF DEM RECHTEN BEIN, DREHT MAN SICH LINKSHERUM.

BEI EINER **PIROUETTE EN DEDANS** GEHT ES UMGEKEHRT: MAN DREHT ZUM STANDBEIN. STEHT MAN WIEDER AUF DEM RECHTEN BEIN, DREHT MAN AUCH NACH RECHTS.

„Ich wusste gar nichts mehr", schluchzt sie.
„Wie konnte das denn passieren?", fragt Lene besorgt.
„Weiß ich nicht."
„An der Stange warst du aber sehr gut", meint Nele aufmunternd.
„Genau und auf der Spitze hast du perfekt getanzt." Ich nehme sie in den Arm.
„Aber alles andere war kacke", schnieft Amalie.
„Du wirst trotzdem bestanden haben. So schlimm wird's schon nicht gewesen sein." Lene streicht ihr beruhigend über den Arm.
Ich wende mich Cons zu. Der grinst mich an.
„Wie war's?", fragt er.
„Sehr gut." Ich lächle. Das war es wirklich. Mann, ich möchte sofort mein Ergebnis haben!

Ballettwissen

Zur Grundausstattung einer jeden Ballerina gehören natürlich die Spitzenschuhe. Doch wieso tanzen Ballerinen überhaupt auf ihren Zehenspitzen? Der Spitzentanz, wie wir ihn heute kennen, entwickelte sich im 19. Jahrhundert. Es gab ihn aber bereits im 17. Jahrhundert. Die Ballerina Marie Taglioni hat ihn erfunden. Diese Art zu tanzen sollte den Zuschauern den Effekt vermitteln, die Ballerina würde über die Bühne schweben.

17. Eskalation im KLASSENZIMMER

„Wo warst du denn gestern?" Kathrin grinst mich spöttisch an, als ich gemeinsam mit Cons den Klassenraum betrete.
„Die hatte doch ihr komisches Ballettding", grölt Jöl.
„Genau." Nöl nickt bekräftigend.
„Quatsch, die hat bestimmt geschwänzt. Cons war auch nicht da." Sarah mustert uns prüfend.
„Cons würde doch nicht blaumachen!", erwidert Kathrin prompt und wird im selben Moment knallrot. Ich kann mir ein Kichern nur schwer verkneifen.
„Bestimmt haben beide geschwänzt, um sich heimlich zu treffen", meint Sarah.
„Du hinterhältige Zicke!" Kathrin springt auf und stürmt auf mich zu. Wow, damit hab ich nicht gerechnet. Ich versuche, mich hinter Cons zu verstecken.
„Kathrin, was soll das?", fragt Laura entgeistert.
„Dafür wirst du büßen!" Kathrin zieht mich hinter Cons hervor. Blöd, dass sie einen ganzen Kopf größer ist als ich. Allmählich kriege ich Angst. Was hat sie vor? Wo bleibt Frau Berger? Kathrin drückt mich gegen die Wand. Merkt sie gar nicht, dass sie mir an den Haaren zieht? Das tut weh!
„Ich hab dir auf der Klassenfahrt gesagt, du sollst die Finger von ihm lassen!", faucht sie.
„Lass sie los!" Cons versucht, sie von mir wegzuziehen.
„Ja, genau!" Nina eilt ihm zur Hilfe.

„Sie kriegt, was sie verdient." Kathrin durchbohrt mich mit einem eisigen Blick.
„Lass sie los!", wiederholt Cons und schafft es, sie ein Stück von mir wegzuschieben.
Ich nutze den Moment und befreie mich aus Kathrins Griff. Cons legt mir schützend den Arm um die Schultern.
„Was habt ihr gestern gemacht?", fragt Kathrin feindselig.
„Wir hatten beide unser komisches Ballettding. Hat Joël doch eben gesagt", erklärt Cons betont locker.
„Was redest du da für einen Mist? Du machst kein Ballett." Kathrin grinst höhnisch.
„Doch. Seit über zwei Jahren", meint Cons gelassen.
„Das ist doch alles gelogen! Ballett ist nur was für so arrogante Zicken wie Emma!", braust Kathrin auf und wendet sich wieder mir zu. „Und du, du hast dich die ganze Zeit hinter meinem Rücken an ihn rangemacht. Du falsche Kuh!" Sie schnappt sich meine Tasche und läuft zum Fenster.
„Bist du jetzt komplett bescheuert?" Ich stürme ihr hinterher. Die kann doch nicht meine Tasche aus dem Fenster werfen!
„Jo, Bitchfight!", grölt Nöl. Niemand beachtet ihn.
„Hör auf! Du kriegst mega Ärger!" Laura versperrt Kathrin den Weg zum Fenster.
„Stell ihre Tasche ab!", mischt sich Nina ein.
„Das könnte dir so passen!" Kathrin schubst Laura zur Seite und öffnet das Fenster. In dem Moment springt Jeremy auf, packt sie und zieht sie vom Fenster weg. Augenblicklich herrscht Stille.

„Könnt ihr mir erklären, wieso alle Klassen still sind und man nur euch bis ins Lehrerzimmer kreischen hört?", donnert Frau Berger, als sie in diesem Moment den Raum betritt. „Ihr erklärt mir sofort, was hier los ist. Jeremy?"

„Ähm ...", stammelt er.

„Er hat mich geschubst!" Kathrin befreit sich wütend aus seinem Griff.

„Jeremy? Ist das dein Ernst? Du weißt, dass du dich auf dünnem Eis bewegst." Frau Berger mustert ihn streng.

„Er hat mir geholfen", platzt es aus mir heraus. Jetzt starren mich alle an.

„Was?" Frau Berger kann es anscheinend nicht glauben.

„Er hat mir geholfen", wiederhole ich mutig. Wer hätte das gedacht? Ich nehme Jeremy, meinen Erzfeind, in Schutz!

„Emma? Du brauchst nicht zu lügen." Frau Berger runzelt die Stirn.

„Es stimmt", meldet sich Cons zu Wort. Nina und Laura nicken bekräftigend.

„Ich glaube, ihr setzt euch jetzt erstmal." Frau Berger scheucht uns auf unsere Plätze. „Und jetzt erklärt ihr mir, was los ist. Jeremy? Emma? Kathrin?"

„Kathrin wollte ihre Tasche aus dem Fenster werfen, weil sie glaubt, dass zwischen Emma und Cons was läuft", sagt Jeremy. Besten Dank für die Details. Ich wette, mein Kopf sieht aus wie eine Tomate.

„Kathrin, ist das dein Ernst?" Frau Berger starrt sie entgeistert an.

„Die haben zusammen die Schule geschwänzt!", versucht Kathrin sich zu verteidigen.

„Die beiden hatten eine wichtige Ballettprüfung. Constantins Vater hat mich ausführlich darüber aufgeklärt. Wie war's überhaupt?"

„Gut." Cons ist ganz rot geworden. Klar, er hat sicher nicht damit gerechnet, dass sein Vater ihn in der Schule deswegen entschuldigt.

„Schön." Frau Berger lächelt und widmet sich dann wieder Kathrin. „Und deswegen willst du Emmas Tasche aus dem Fenster werfen?"

„Sie ist vorher noch auf sie losgegangen!", ruft Jöl begeistert.

„Kathrin? Stimmt das?"

Kathrin schweigt und starrt mich immer noch wütend an.

Frau Berger schüttelt fassungslos den Kopf. „Ich dachte, ihr wärt inzwischen etwas vernünftiger geworden", seufzt sie.

„Was passiert denn jetzt?", will Nina wissen.

„Möchtest du dich vielleicht entschuldigen? Dein Verhalten erklären? Oder etwas zu deiner Verteidigung sagen?" Frau Berger schaut Kathrin durchdringend an.

Kathrin schweigt.

„Nun ja, dann bleibt mir nichts anderes übrig, als heute Nachmittag deine Eltern darüber zu informieren. Dann setzen wir uns vielleicht mal alle zusammen."

„Aber …", will Kathrin protestieren, doch sie wird unterbrochen.

„Nix aber. Beim nächsten Mal denkst du ein bisschen nach, bevor du deine Mitschüler bedrohst. Das gilt für alle!"

Besonders Cons und Jeremy schrumpfen unter Frau Bergers strengem Blick. „Und jetzt holt eure Bücher raus. Wir wollen wenigstens die Hausaufgaben kontrollieren."

„Danke", zische ich Cons zu. Ich bin so froh, ihn zu haben. „Bedank dich bei Jeremy." Er zwinkert mir zu. Ich schlucke. Stimmt, die wahre Heldentat hat Jeremy vollbracht. Ohne ihn würde meine Tasche und ihr gesamter Inhalt auf dem Schulhof verteilt liegen. Aber war das nicht das Mindeste, was er hätte machen können, nach allem, was er mir angetan hat? Ich beiße mir auf die Lippe. Andererseits hätte er auch einfach zuschauen können wie die meisten aus der Klasse. Oder einen blöden Witz machen. Nein, er hat schon ein Dankeschön verdient.

Entschlossen reiße ich einen Zettel aus meinem Block und kritzle ein kurzes „Danke" drauf. Nach kurzem Zögern male ich noch einen Smiley daneben. Dann falte ich den Zettel zusammen und schiebe ihn an Cons weiter.

„An Jeremy", flüstere ich ihm zu. Er lächelt und gibt den Brief weiter.

Wenig später liegt eine Antwort auf meinem Platz. Ich falte den Zettel vorsichtig auseinander, als Frau Berger sich zur Tafel dreht.

lese ich und kann es nicht fassen. Ich schaue zu Jeremy rüber, doch er tut so, als würde er angestrengt etwas abschreiben. Aber täusche ich mich oder ist sein Gesicht etwas röter als sonst?

18. DER BESTE TAG meines Lebens

„Emma, Cons, die Ergebnisse sind da!", begrüßt Nele uns, als wir kurz vor den Sommerferien die Ballettschule betreten.
„Echt? Wie cool!" In Windeseile sind wir umgezogen und warten auf Lene.
„Um die erste Spannung zu nehmen – ihr habt alle bestanden", verkündet sie.
„Yey!", jubelt Nele. Neben mir atmet Amalie erleichtert auf.
„Und was haben wir so für Noten?", will Leander wissen.
„Ich fange mit den Jungs an. Also Leander, herzlichen Glückwunsch. Du hast ein sehr gutes *Merit*." Lene schüttelt Leander die Hand.
„Nice." Leander grinst. Ich lächle.
Nele hat mich schon ausführlich über das Notensystem der RAD aufgeklärt. Daher weiß ich, dass *Merit* die zweitbeste Note ist.
„Und Cons, du kannst wirklich stolz auf dich sein. Du hast mit *Pass* bestanden. Ein ziemlich gutes *Pass*." Lene lächelt ihm anerkennend zu.
„Wow." Cons scheint es die Sprache verschlagen zu haben.
„Super!" Ich drücke ihn einmal fest.
„So, jetzt meine *Intermediate*-Mädels. Amalie, herzlichen Glückwunsch. Ein *Merit*." Lene umarmt sie.
„Ich hab doch gesagt, du hast das gut gemacht." Nele stupst sie in die Seite.

DAS NOTENSYSTEM DER RAD:

ES GIBT VIER NOTEN:

STANDARD NOT ATTAINED → DIE PRÜFUNG IST NICHT BESTANDEN.

PASS → DIE PRÜFUNG IST BESTANDEN.

MERIT → DIE PRÜFUNG IST MIT VERDIENST BESTANDEN.

DISTINCTION → DIE PRÜFUNG IST MIT AUSZEICHNUNG BESTANDEN.

„Nele, du hast auch *Merit*." Lene lächelt.
„Wie cool!", freut sich Nele.
„Emma, du hast den Vogel abgeschossen und mit *Distinction* bestanden. Herzlichen Glückwunsch", verkündet Lene schließlich.
„Boah!", staunt Nele.
Ich hab mich wohl verhört! *Distinction*? Mit Auszeichnung? Ich?! Das ist doch ein Scherz!
Cons umarmt mich stürmisch. „Du hast es echt verdient", jubelt er mir ins Ohr. Ich kann es nicht glauben.
Auch nicht, als Lene uns an die Stange zitiert und mit dem Unterricht beginnt. In meinem Kopf wirbelt alles wild durcheinander. Ich freue mich so!

„Emma, kommt deine Mutter dich abholen?", fragt Lene nach der Stunde.
„Ja, sie wartet auf dem Parkplatz", antworte ich verwundert.
„Kannst du sie bitte eben holen? Wir müssen etwas besprechen."
Okay ... Ich werfe Cons noch einen verwirrten Blick zu und gehe dann meine Mutter holen.
Kurz darauf sitzen wir an einem Tisch.
„Soll ich gehen?", fragt Cons zögerlich.
„Von mir aus kannst du bleiben", meine ich. Er setzt sich neben mich.
„Also, Emma, du erinnerst dich bestimmt noch an die Dame, die euch vor einiger Zeit zugeschaut hat, oder?" Lene schaut mich an.

„Ähm, ja." Ich runzle die Stirn. Die kam mir bekannt vor, aber mir will partout nicht einfallen, wo ich sie schon mal gesehen haben könnte.

„Sie ist Lehrerin am Internat Schloss Löwenberg. Sagt dir die Schule etwas?"

Ich nicke. Ist die Frage ernst gemeint? Das ist eines der renommiertesten Ballettinternate Deutschlands! Meine absolute Traumschule! Jetzt weiß ich auch, woher mir die Frau so bekannt vorkam. Ich stöbere hin und wieder auf der Homepage und habe Fotos der Lehrer dort gesehen.

Aber warum hat sie uns zugeschaut?

Und warum will Lene mit uns reden?

Ist es das, was ich hoffe, dass es das ist?

„Einmal im Jahr kann man sich dort bewerben und vortanzen. Aber viele Schüler trauen sich nicht, obwohl sie vielleicht auch gerne später beruflich etwas im Tanzbereich machen möchten. Deshalb hat man beschlossen, einige private Ballettschulen, meist von ehemaligen Schülern, zu besuchen und dort nach talentierten Schülern Ausschau zu halten."

Mein Herz klopft mir bis zum Hals.

„Jedenfalls habe ich einen Brief bekommen." Lene reicht mir einen Umschlag. Mit zittrigen Händen falte ich den Brief auseinander. Da steht es schwarz auf weiß:

Schloss  Löwenberg

Schloss Löwenberg
Schönstr. 3
45612 Neustadt

Fam. Neumann
Gartenallee 34
37562 Hamburg

Sehr geehrte Familie Neumann,

wir würden uns sehr freuen, wenn Ihre Tochter Emma unsere Schule besuchen würde. Wir erkennen bei ihr großes körperliches und künstlerisches Potenzial und können uns sehr gut vorstellen, sie nach den Ferien in die neunte Klasse einzustufen. Gerne können wir bei einem Termin über alles weitere sprechen.

Herzlichst

Helena von Lauenstein

„Sie bräuchten noch eine Kopie deines Schulzeugnisses und eine Tauglichkeitsbescheinigung vom Orthopäden", erklärt Lene.
„Heißt das, die wollen mich haben?" Ich bin immer noch völlig von den Socken.
„Ja." Lene lächelt.
Ich schreie laut auf und falle Cons um den Hals. Mir schießen sogar Tränen in die Augen, so sehr freue ich mich. Das ist mein Traum, der hier gerade in Erfüllung geht! Ich kann auf meine Traumschule! Endlich! Den ganzen Tag tanzen!
„Wir sprechen nachher mal mit Papa", sagt Mama.
Hoffentlich haben die beiden nichts dagegen ...
Den Rest des Gesprächs höre ich nur entfernt durch ein Rauschen.
Als wir gehen, hat Mama einen ganzen Stapel Zettel in der Hand. Sie will den später mit Papa durcharbeiten und dann entscheiden, ob sie mich dahin lassen. Auch wegen der Kosten und so. Für mich ist die Sache jedenfalls klar. Ich träume jetzt schon so lange von dieser Schule, dass ich sofort meine Sachen packen würde.

Zu Hause werde ich in mein Zimmer geschickt. Zum Glück ist Cons bei mir, sonst würde ich noch komplett ausflippen.
Tom hat mir bei der Neuigkeit nur kurz auf die Schulter geklopft und „cool" gesagt. Cons hingegen musste direkt eine Sprachnachricht an Nina schicken. Allerdings haben wir beide wild

Als mein größter Traum ...

...in Erfüllung ging

durcheinander geredet, sodass sie nichts verstanden hat. Jetzt hängen wir vor meinem Laptop und skypen mit ihr.

„Und die nehmen dich einfach so? Ohne Vortanzen?", fragt Nina ungläubig.

„Ja! Ich wusste auch nicht, dass das geht. Auf der Internetseite stand nix darüber." Die kenne ich inzwischen auswendig.

„Wahrscheinlich schreiben die das extra nicht, damit sich keiner die Hoffnung macht, per Zufall entdeckt zu werden. Und wenn die das nur an Schulen von Ehemaligen machen, sprechen die das sicher vorher ab, ob sich das überhaupt lohnt zu kommen. Und es gibt ja auch immer Leute, die richtig gut sind, aber keine Lust auf 'ne Profikarriere haben", vermutet Cons.

„Ist ja auch egal. Hauptsache, sie nehmen dich." Nina lächelt.

„Ich hoffe so sehr, dass meine Eltern das erlauben", jammere ich. Vom Vortanzen haben sie mir immer abgeraten. Ich wäre ja noch zu jung und vielleicht will ich das in ein paar Jahren nicht mehr. Aber jetzt, wo ich praktisch eingeladen werde? Da können sie doch nur zustimmen!

„Wir werden dich echt vermissen." Nina macht ein trauriges Gesicht.

„Oh ja", murmelt Cons.

„Ich euch auch." Mir kommen wieder die Tränen. Darüber hab ich noch gar nicht nachgedacht. Das Internat ist ziemlich weit weg und ich kann wahrscheinlich nur einmal im Monat ein Wochenende nach Hause kommen. Das wird hart.

Aber manchmal muss man eben Opfer bringen, wenn man seine Träume leben will.

„Aber weißt du, wen du dann auch nicht mehr sehen musst?" Nina grinst.

„Jeremy." Cons lacht.

„Wie schade", spotte ich. Noch ein Traum, der in Erfüllung geht. Er hat sich zwar per Zettelpost entschuldigt, aber ich mag ihn trotzdem nicht. Das wird sich nicht ändern. Außerdem hat er danach nie wieder ein Wort mit mir gewechselt. Wir gehen uns aus dem Weg. Jeremy, Joël und Noël haben ihre Liebe zu einem Computerspiel entdeckt, bei dem man einen eigenen Fußballverein managen muss, und reden über nichts anderes mehr. Ich bin dankbar dafür, denn so lassen sie mich in Ruhe. Leider wird Nina in dem Moment von ihrer Mutter zum Abendessen gerufen. Ich muss ihr hoch und heilig versprechen, dass ich ihr sofort schreibe, wenn meine Eltern sich entschieden haben.

Cons und ich schweigen uns eine Weile an.

„Bist du sauer auf mich, wenn ich gehe?", frage ich leise.

„Quatsch. Wie kommst du darauf?" Er schaut mich verwundert an.

„Nur so." Ich zucke mit den Schultern.

Cons pufft mich in die Seite. „Hey, du hast es verdient. Es ist dein Traum und du wärst dumm, wenn du den platzen lässt, bloß weil du uns nicht alleine lassen willst."

„Emma?", ruft meine Mutter von unten. Ich springe auf und stürme die Treppe hinunter. Cons folgt mir.

„Und?" Ich schaue meine Eltern erwartungsvoll an.

„Aaalso", fängt Papa an, „wir haben uns die Unterlagen durchgelesen …"
„Das weiß ich doch", unterbreche ich ihn ungeduldig.
„… und haben uns entschieden", fährt Papa betont langsam fort.
„Wofür? Darf ich? Bitte!" Ich komme mir vor wie in einer Castingshow, wo den Kandidaten nach ewiger Wartezeit von der Jury eröffnet wird, ob sie weiterkommen oder rausgeworfen werden. Ein furchtbares Gefühl.
„Du darfst nach den Ferien nach Schloss Löwenberg." Papa lächelt. „Wir werden das finanziell schon irgendwie stemmen. Die Schule ist da sehr entgegenkommend."
„Echt?"
„Ja. Aber nur, wenn du dir ganz sicher bist", stellt er klar.
Und ob ich das bin! Ich mache einen Luftsprung!
„Wir sind stolz auf dich." Mama nimmt mich in den Arm.
„Danke." Ich fange an zu weinen. Vor lauter Freude. „Ihr seid die Besten." Und Cons natürlich auch. Er umarmt mich ebenfalls.
„Ich komm dich besuchen und wenn's mir da gefällt, bleib ich", verspricht er. Cons und ich gemeinsam im Ballettinternat? Gar keine schlechte Idee …
„Ich besuch dich auch regelmäßig." Ich lächle und wische mir die Tränen weg. Heute ist definitiv der beste Tag meines Lebens!

19. ABSCHIED NEHMEN UND *Frieden schließen*

Die Zeit vergeht rasend schnell. Schon ist der letzte Schultag vor den Sommerferien. Und mein letzter Tag in einer Klasse mit Nina und Laura. Und Cons. Oh Mann, ihn werde ich am meisten vermissen …

In den letzten Wochen hat sich in unserer Klasse einiges verändert. Nachdem Frau Berger mit Kathrins Eltern telefoniert hat, gehen Kathrin und Sarah mir aus dem Weg. Ich weiß, dass sie immer noch über mich lästern, aber das ist mir egal. Angeblich freut Kathrin sich sogar, dass ich weggehe, weil sie sich dann ungestört an Cons ranmachen kann. Soll sie doch. Cons steht eh nicht auf sie, das hat er mir gesagt. Da kann sie eifersüchteln, bis sie grün wird. Außerdem habe ich jetzt wohl einen neuen Bodyguard. Jeremy hat sich wegen 'ner Fehlentscheidung in ihrem Computerspiel mit Joël und Noël zerstritten und scheint es sich nun zur Aufgabe gemacht zu haben, mich zu beschützen. Jedenfalls hält er sich auf dem Schulhof immer in meiner Nähe auf und sobald Kathrin den Raum betritt, lässt er sie nicht aus den Augen. Noch dazu fragt er jeden Morgen, ob es mir gut geht und er hat mir schon zehnmal versichert, dass er alle Hass-Gruppen gegen mich gelöscht hat. Cons, Nina und Laura bekommen jedes Mal Kicheranfälle.

In der letzten Stunde bekommen wir unsere Zeugnisse. Ich habe Muffins gebacken zum Abschied. Die packe ich jetzt aus.

„Wir wünschen dir alles Gute auf deinem Weg", sagt Frau Berger feierlich. „Wir haben auch noch ein kleines Abschiedsgeschenk für dich."
Jeremy, der Klassensprecher ist, was ich übrigens nie verstanden habe, steht auf und überreicht mir ein weiches Päckchen.
„Danke." Ich gebe zu, ich bin echt gerührt. Ich dachte immer, in der Klasse mag mich niemand. Ich packe das Geschenk aus und halte wenig später einen rosafarbenen Kapuzenpulli in der Hand. Vorne ist eine Ballerina im Spagatsprung aufgedruckt. Darunter steht „Dancing Queen". Auf der Rückseite hat die ganze Klasse unterschrieben. Sogar Kathrin! Das hat sie bestimmt viel Überwindung gekostet. Vielleicht hat sie auch jemand bestochen, wer weiß …
„Danke." Ich lächle in die Runde.
„Wir hoffen XS passt. Kleiner gab's nicht", meint Jeremy. Ich boxe ihm gegen den Arm. Rein freundschaftlich natürlich. Dann darf ich die Muffins verteilen. Jeremy und Kathrin bekommen die hässlichsten. Ich kann's mir einfach nicht verkneifen. Aber das würde doch jeder andere in meiner Situation genauso machen, oder?

Schließlich werden wir in die Ferien entlassen.
Frau Berger schüttelt mir nochmal die Hand und ich muss ihr hoch und heilig versprechen, die Klasse bei Gelegenheit zu besuchen.
„Wir werden dich alle vermissen", meint Laura traurig, als wir über den Hof zu unseren Fahrrädern schlendern.

„Außer Kathrin", ergänzt Nina. Wir lachen.

„Emma, warte!" Jeremy kommt auf uns zu.

„Was ist?", will ich wissen.

„Kann ich kurz alleine mit dir reden?" Er wirft Cons einen skeptischen Blick zu.

„Wir warten bei den Rädern." Cons schiebt Nina und Laura weiter. Ich sehe sie tuscheln.

„Bin ich schuld, dass du gehst?", fragt Jeremy zerknirscht.

„Du?", frage ich verwundert. „Nein!" Ich lache. „Es war schon immer mein größter Wunsch, auf diese Schule zu gehen, und endlich geht er in Erfüllung."

„Gut." Jeremy atmet erleichtert auf.

„Aber du hast dafür gesorgt, dass mir der Abschied ziemlich leichtfällt", gebe ich zu.

„Tut mir leid." Auf einmal wirkt er gar nicht mehr überheblich. „Ehrlich."

„Wieso hast du das gemacht?", frage ich. Wenn ich diese Frage, die mich schon seit der Fünften beschäftigt, endlich beantwortet bekomme, ist mein Leben perfekt.

„Na ja ...", druckst Jeremy herum.

„Ich höre?" Ich verschränke die Arme. Ein bisschen genieße ich meine neue Stärke.

„Als du in der Fünften gesagt hast, dass du Ballerina werden willst ... Meine Schwester macht auch Ballett und wollte auch immer Ballerina werden."

„Na toll und was hat das mit mir zu tun?"

„Ich hasse Ballett. Zu Hause stand sie im absoluten Mittelpunkt.

Meine Eltern haben sie immer überall hingefahren, waren ständig nur mit ihr unterwegs. Sie hat sich mega aufgespielt, auch in der Schule, und war immer toller als alle andern. Alles drehte sich um sie. Jedes Mal gab es einen Riesenaufstand. Sie hat sogar mal einen Nervenzusammenbruch gekriegt, als ihr Dutt nicht perfekt saß. Dann wollte sie unbedingt die Hauptrolle in einem Ballettfilm spielen und meine Mutter hat sie von einem Casting zum nächsten gefahren. Sie wollte ganz dünn sein, um wie eine perfekte Ballerina auszusehen. Auf einmal hatte sie Bulimie und seitdem geht es nur noch um ihre Krankheit. Hör mir auf mit Ballett. Für mich haben alle Ballettmädels einen Schaden. Ich dachte, du bist genauso."

„Bin ich aber nicht." Heißt das etwa, er hat allen Frust wegen seiner Schwester an mir ausgelassen?

„Hab ich mittlerweile kapiert. Aber du hast dich ja auch nie gewehrt oder so."

„Wie oft habe ich dir gesagt, du sollst aufhören?"

„Echt? Okay, kann sein. Aber es hat mich immer so genervt, du und deine ganzen Ballettgeschichten", gibt Jeremy zu. Und ehrlich gesagt find ich das echt toll von ihm. Anscheinend hat er da wirklich drüber nachgedacht und ich rechne ihm seinen Mut und seine Ehrlichkeit hoch an.

„Was ist aus deiner Schwester geworden?", will ich wissen.

„Sie ist in Therapie wegen ihrer Krankheit. Keine Ahnung, was sie dann machen will."

„Oh." Das erklärt auch, wieso er auf Klassenfahrt allen erzählt hat, ich sei krank.

„Aber für den Kram mit Kathrin kann ich nix", sagt er.
„Nee, das hab ich auch schon gemerkt. Wer weiß, wo
ihr Problem liegt." Ich muss lachen.
„Kommst du uns wirklich besuchen?"
„Vielleicht. Ich kann immer nur ein Wochenende im Monat
nach Hause." Und diese Wochenenden sind schon für Cons,
Nina und Laura reserviert.
„Können wir denn Freunde sein?" Er hält mir die Hand hin.
Ich zögere. Ich weiß es nicht. Der Typ tyrannisiert mich seit der
Fünften. Weil er wütend auf seine Schwester ist. Versteht man
das? Okay. Er will sich mit mir versöhnen, bevor ich die Klasse
verlasse. Aber direkt mit ihm befreundet sein? Will ich das?
Ich hab seine Entschuldigung angenommen. Das reicht doch,
oder? Meine Mutter hat mir heute Morgen gesagt, ich soll
gucken, dass ich möglichst mit allen positiv auseinandergehe.
Auch mit Jeremy. Ich gebe mir einen Ruck.
„Vielleicht." Ich schlage ein. Mehr kann ich wirklich nicht
versprechen.
„Cool." Jeremy grinst. „Vielleicht schreib ich dir mal 'ne
Nachricht oder so."
„Okay." Ich muss einen Kicheranfall unterdrücken. Irgendwie
ist es niedlich, wie er sich bemüht, alles wiedergutzumachen.
Trotzdem. Ob wir je richtige Freunde werden? Ich weiß nicht.
Aber vielleicht gute Bekannte. Und das ist ja auch schon etwas!

20. Der Traum WIRD WAHR

Endlich ist es so weit! Ich bin schon um fünf Uhr wach. Seufzend drehe ich mich auf die andere Seite. Aber ich kann einfach nicht mehr schlafen. Ist ja auch kein Wunder. Endlich. Endlich geht mein absolut größter Traum in Erfüllung.
Das Halbjahr ist zu Ende und ab heute gehe ich auf ein renommiertes Tanzinternat. Ich lächle. Wie lange habe ich dafür gearbeitet? Wie oft davon geträumt? Und plötzlich erscheint alles so einfach.
Leise stehe ich auf und begutachte die Koffer und Taschen in meinem Zimmer. Hoffentlich habe ich auch alles eingepackt. Das nächste Mal komme ich nämlich erst in vier Wochen nach Hause. Auf einer Tasche liegt ein Bilderrahmen. Mit einem Foto von Cons, Nina, Laura und mir. Das ist der einzige Nachteil. Ich werde die drei genauso schrecklich vermissen wie meine Familie. Aber Nina hat schon ihren Besuch angekündigt. Cons würde am liebsten gleich mitfahren. Ob man es glaubt oder nicht – sein Vater hat in der kompletten Nachbarschaft und in seiner Firma ganz stolz erzählt, dass sein Sohn eine anspruchsvolle Ballettprüfung bestanden hat. Cons lacht sich immer noch kaputt, wenn man ihn darauf anspricht. Ich streiche über sein Gesicht auf dem Foto. Er ist manchmal echt süß. Der tollste Junge, den ich kenne. Das gebe ich inzwischen ganz offen zu. Ihm gegenüber natürlich nicht.
Mich von meiner Ballettgruppe zu trennen, war genauso schwer.

MUSSTE ICH MICH MAL VON JEMANDEM *langfristig verabschieden?*

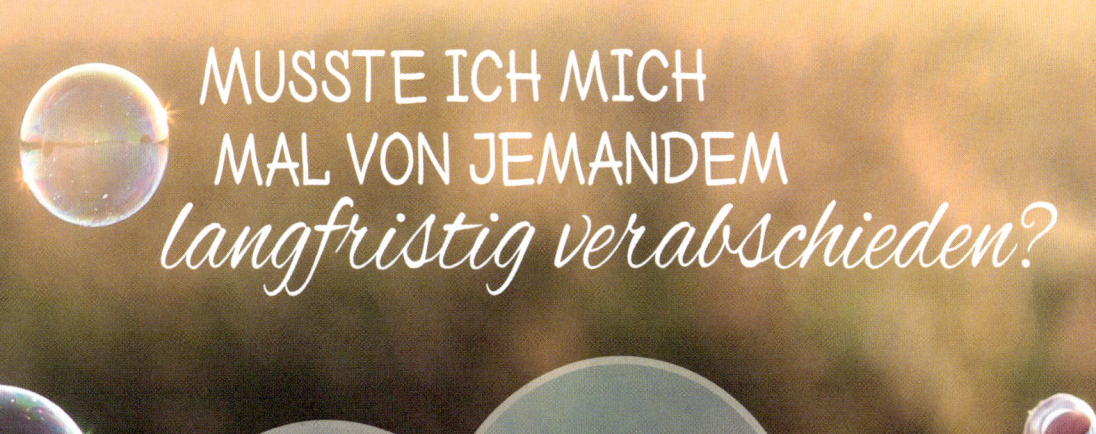

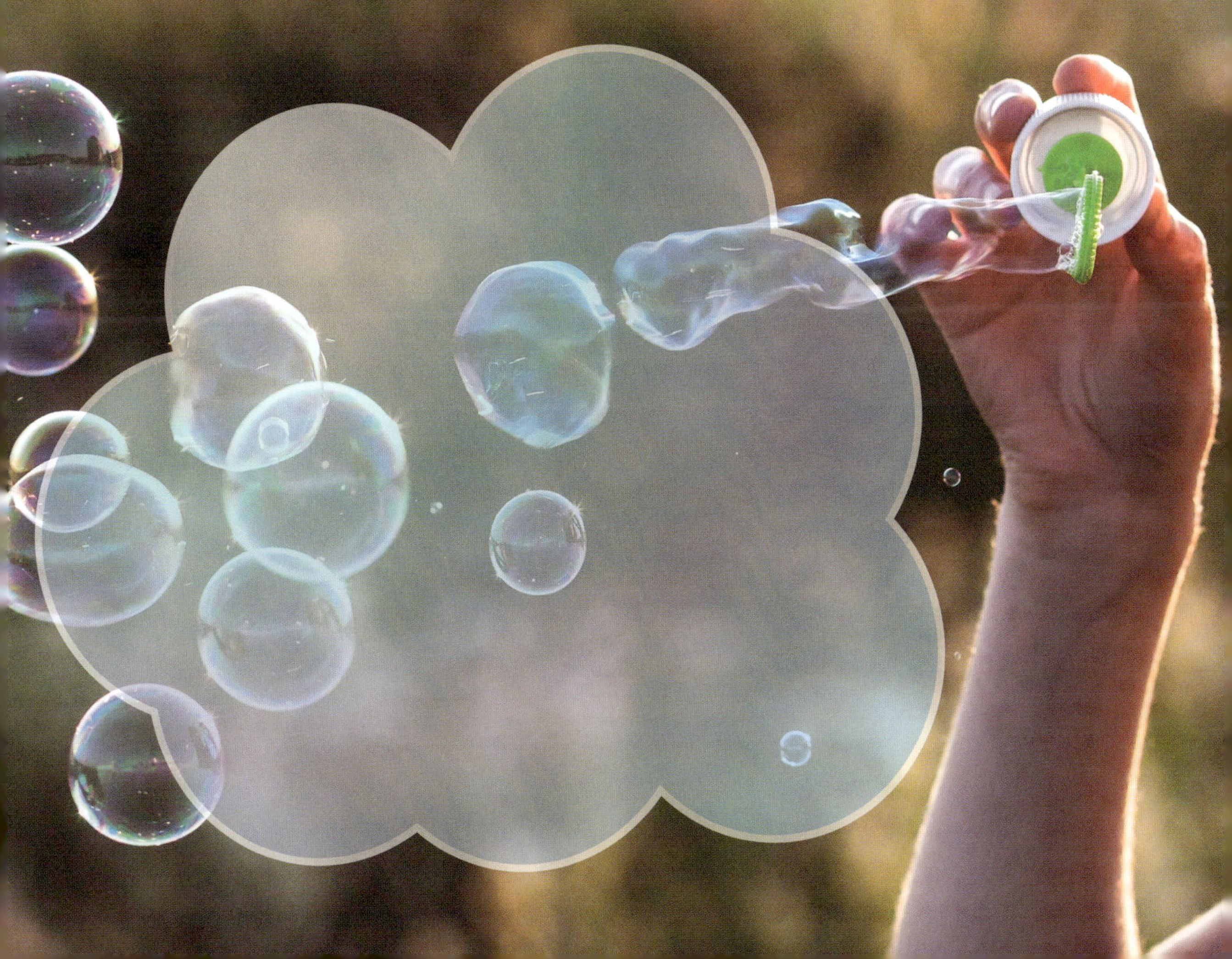

Ich musste allen tausendmal versprechen, dass ich in den Ferien mal zum Ferientraining komme. Sogar Amalie. Und Zoé möchte, dass ich mit ihr zusammen für ihre Prüfung im Frühjahr trainiere. Ich hoffe, das lässt sich alles mit meinem Stundenplan vereinbaren.

Im Flur klappt die Badezimmertür zu. Tom ist auch wach. Ich schmunzle. Seine Begeisterung, dass die ganze Familie zum Internat fährt, hält sich relativ in Grenzen. Ob er mich auch als lästig empfindet? Na ja, so schlimm wie Jeremys Schwester bin ich wirklich nicht. Ob er froh ist, mich los zu sein? Immerhin blockiert jetzt keiner mehr den Fernseher, wenn Fußball kommt. Ich gehe zu meinen Eltern ins Zimmer. Nicht, dass die verschlafen.

„Aufstehen!" Ich schalte das Licht an. Von meinem Vater kommt nur ein unverständliches Brummen.

„Mach schon mal Frühstück, ja?", murmelt Mama. Ich verlasse enttäuscht das Zimmer. Okay, ich hatte nicht erwartet, dass die beiden total euphorisch aus dem Bett hüpfen. Aber etwas mehr Bewegung wär schon nett. Ich kann es doch kaum erwarten, endlich loszufahren.

„Morgen, Em." Tom kommt aus dem Bad geschlurft. „Is' Frühstück schon fertig?"

„Fang ruhig schon an." Ich schließe die Tür des Schlafzimmers. Unfassbar. Heute ist so ziemlich der wichtigste Tag meines Lebens und meine Familie schläft oder denkt nur ans Frühstück …

Zwanzig Minuten später sitzen wir tatsächlich alle am Frühstückstisch. Wieso habe ich eigentlich so einen Stress gemacht? Ich bekomme keinen Bissen runter. Stattdessen zapple ich die ganze Zeit rum.

„Emma, jetzt reiß dich mal zusammen", weist Papa mich zurecht.

Beleidigt beiße ich in mein Brötchen. Alle wirken muffelig. Für meine Familie scheint das echt nichts Besonderes zu sein, dass ihre einzige Tochter auf ein Ballettinternat geht. Mpf. Oder sind sie einfach nur traurig, weil ich zum ersten Mal länger von Zuhause weg bin?

Nach dem Frühstück bricht allgemeine Hektik aus. Meine Sachen müssen ins Auto und Mama fragt mich bestimmt zum millionsten Mal, ob ich auch wirklich alles eingepackt hab.

„Hast du auch genug Unterwäsche?"

„Ja." Ich verdrehe genervt die Augen. Sie war doch dabei, als wir meine Klamotten gepackt haben.

„Zahnbürste?"

„Auch."

„Ballettzeug?"

Jetzt stöhne ich nur auf. Mein Ballettzeug war das Erste, was ich eingepackt habe!

Endlich ist alles verstaut. Papa schließt die Tür ab.
„Emma, warte!"
Ich bin gerade dabei, ins Auto zu steigen, als Cons aus seinem Haus gestürmt kommt.
„Hi." Ich lächle gequält. Ich werde ihn so vermissen!
„Wir steigen schon mal ein." Mama schiebt Papa und Tom zum Auto. Sie zwinkert Cons und mir vielsagend zu. Okay, das musste nun wirklich nicht sein. Ich bin bestimmt wieder rot geworden. Hoffentlich sieht Cons das nicht!
„Ähm, ich wollte dir noch was geben. Als Glücksbringer. Und damit du mich nicht vergisst." Er drückt mir ein weiches, etwas zerknautschtes Päckchen in die Hand.
Ich starre ihn entgeistert an. Glaubt der ernsthaft, ich würde ihn vergessen? Jungs sind komisch …
„Willst du's nicht aufmachen?" Er grinst.
„Äh, ja, natürlich." Mein Herz rast, während ich das Päckchen aufmache.
„Ooh, ist das niedlich!" Es ist ein Schlüsselanhänger. Ein Schaf im Tütü. „Danke." Ich drücke Cons ganz fest.
„Ist mir eine Ehre." Er schaut mich an. Ich werde wieder rot.
„Emma, wir müssen los. Kommst du?" Meine Mutter lehnt sich neugierig aus dem Autofenster.
„Ja, zwei Minuten noch!", rufe ich zurück und wende mich wieder Cons zu.
„Ich werd dich echt vermissen", sagt er leise. Hilfe, nein, jetzt muss ich auch noch weinen! Kann ich ihn nicht mit ins Internat nehmen? Fällt bestimmt nicht auf. Ich sag einfach, er sei mein

überdimensionales Stofftier. Oder sowas Ähnliches.
„Ich muss jetzt los." Ich wische mir die Tränen aus den Augen.
„Kannst dich ja mal melden, wenn du angekommen bist." Cons lächelt.
„Mach ich." Ich lächle zurück. Ich hasse Abschiede. Auch wenn sie manchmal sein müssen, wenn man seinen Traum leben will.
„Dann bis dann." Cons zwinkert mir zu.
„Bis dann." Jetzt muss ich wirklich los, bevor ich echt in Tränen ausbreche. Aber Cons hält mich an der Jacke fest.
„Das Schäfchen war noch nicht alles." Er lächelt und gibt mir einen Kuss auf die Wange. Einfach so. Mein Herz macht einen Luftsprung.
„Ciao."
„Ciao." Ich strahle ihn an.
„Jetzt geh, dein Vater wird langsam ungeduldig." Cons schiebt mich in Richtung Auto. Hastig steige ich ein. Mama grinst mich zweideutig an. Kann sie das mal lassen?
Papa fährt los. Ich winke Cons so lange zu, bis wir um die Ecke gefahren sind. Schloss Löwenberg, ich komme! Ich streichle das Ballett-Schaf in meiner Hand. Es ist ganz flauschig. Habe ich mich doch in meinen besten Freund verknallt?

Ballett-Glossar

Tendu:
Ausgangsposition ist die erste, dritte oder fünfte Fußposition. Man bewegt ein Bein entweder nach vorne, hinten oder zur Seite, ohne die Zehen vom Boden zu heben. Wichtig ist, die Fußstreckung zu beachten. Zuerst hebt sich die Ferse und zum Schluss erst der Ballen, beim Rückweg umgekehrt. Sowohl Stand- als auch Spielbein bleiben während der Übung die ganze Zeit durchgestreckt.

Plié:
Pliés werden in jeder Fußposition durchgeführt. Es wird zwischen **Demi Plié** (halbes Plié) und **Grand Plié** (großes Plié) unterschieden. Beim Demi Plié beugt man die Beine, bis eine o-förmige Öffnung entsteht. Beim Grand Plié beugt man die Beine weiter, bis sich die Fersen vom Boden lösen (Außer in der zweiten Position, da bleiben die Fersen am Boden!!!). Demi Pliés sind wichtige Verbindungsschritte vor Sprüngen oder Pirouetten.

Double Pirouette:
Eine Double Pirouette ist die Steigerung einer einfachen oder **Single Pirouette:** Man dreht sich einfach zwei Mal herum.

Rise:
Beim Rise rollt man langsam auf die halbe Spitze oder mit Spitzenschuhen auf die ganze Spitze hoch. Die Beine bleiben durchgestreckt.

Relevé:
Relevés stellen ein schnelles Aufstellen auf die halbe beziehungsweise auf die ganze Spitze dar. Den nötigen Schwung holt man sich, indem man vorher ein Demi Plié macht. Wichtig ist, dass man nicht auf die Spitze „springt", sondern, ähnlich wie beim Rise, hochrollt.

Piqué:
Beim Piqué schleift ein Bein durchgestreckt nach draußen und man stellt sich auf die halbe oder ganze Spitze, so als würde man ein Holzbein besitzen. Beim Absetzen landet man in einem Plié und wiederholt den Schritt von Neuem. Eine Steigerung sind **Tours Piqués,** bei denen man nicht auf dem durchgestreckten Bein stehen bleibt, sondern eine Pirouette dreht, bevor man wieder im Plié landet.

Autorin

Ann Sophie Müller, geboren 1995 in Düsseldorf, studierte Medienwissenschaften an der Philippsuniversität Marburg und tanzt mit großer Leidenschaft klassisches Ballett, Modern Dance und Hip-Hop. Ihre Liebe zum Schreiben entdeckte sie früh. Im Alter von 13 Jahren schrieb sie ihren ersten Kinderroman, im Jahr 2011 gewann sie beim Kempener Literaturwettbewerb einen Preis.

Weitere Bücher im BVK-Programm

Taschenbuch ab 8 J., 120 S.
ISBN 978-3-86740-406-8
Best.-Nr.: BP11, EUR 5,90

Hardcover ab 7 J., 48 S. + CD
978-3-86740-947-6
Best.-Nr.: SB47, EUR 15,00

Hardcover ab 10 J., 164 S.
978-3-86740-789-2
Best.-Nr.: LI106, EUR 11,90